Martin Lödl

Natur – Anmerkungen zu einem Begriff

Anmerkungen zu einem Begriff

Band 1

LIT

Martin Lödl

NATUR –

Anmerkungen zu einem Begriff

LIT

Umschlagbild: Don Orchard auf Pixabay

∞

Gedruckt auf alterungsbeständigem Werkdruckpapier
entsprechend ANSI Z3948 DIN ISO 9706

Bibliografische Information der Deutschen Nationalbibliothek
Die Deutsche Nationalbibliothek verzeichnet diese Publikation in der Deutschen Nationalbibliografie; detaillierte bibliografische Daten sind im Internet über http://dnb.dnb.de abrufbar.

ISBN 978-3-643-50925-3 (br.)
ISBN 978-3-643-65925-5 (PDF)

Garnisongasse 1/19
A-1090 Wien
Tel. +43 (0) 1-409 56 61 Fax +43 (0) 1-409 56 97
E-Mail: wien@lit-verlag.at http://www.lit-verlag.at

Auslieferung:

Deutschland: LIT Verlag, Fresnostr. 2, D-48159 Münster
Tel. +49 (0) 2 51-620 32 22, E-Mail: vertrieb@lit-verlag.de

E-Books sind erhältlich unter www.litwebshop.de

Inhalt

Corona Vorwort

Die Corona-Krise hat die Veröffentlichung meines Buches „Natur – Anmerkungen zu einem Begriff" eingeholt. Sie verdeutlicht die Notwendigkeit eines angemessenen Begriffes von Natur.

Dieses Buch stellt in verschiedenen kurzen Episoden und Geschichten etwas sehr Radikales klar: Enttarnt wird die romantische Vorstellung von der Natur. Die Natur ist das Ergebnis einer allgegenwärtigen, selbst kanalisierenden Evolution, die nur im historischen Rückblick zielgerichtet erscheint. Alle Lebewesen befinden sich in einem Strom des Daseins, jedes kämpft um energetische Vorteile und darum, seine eigenen Gene im Zuge der Fortpflanzung weitergeben zu können. Sogar jene parasitischen Wesen tun das, die im Zuge ihrer Entwicklung bereits soweit reduziert wurden, dass sie keinen eigenen Stoffwechsel mehr haben, sehr wohl aber einen genetischen Code: die Viren. Diese parasitischen Quasilebewesen, die keine solchen im engeren Sinne mehr sind, befallen in Hekatomben andere Lebewesen und machen nichts anderes mehr, als sich selbst zu replizieren und zwar mit Hilfe von den verschiedensten Körperzellen ihrer bedauernswerten Wirte. CoVid19! Das Schreckgespenst des Jahres 2020, in China vor wenigen Monaten von Säugetieren (Schuppentier? Flughunde?) auf den Menschen übergesprungen, trat dieses neue Virus seinen Siegeszug an. Europa hat es mit voller Wucht erwischt, nun, im Laufe des fortschreitenden Frühlings des Jahres 2020 stecken die meisten europäischen Länder in einer epidemischen Erkrankungswelle. Durch Reglementierungen und Einschränkungen der persönlichen und wirtschaftlichen Freiheit, begannen die Staaten nun zu reagieren – für manche zu spät, für andere zu übertrieben.

Die Botschaft meines Buches lautet: Die Natur besteht aus einem engmaschigen Netzwerk gegenseitiger Abhängigkeiten und Verdrängungswettbewerben. Ein unglaubliches Schauspiel des Grauens und des gegenseitigen Übervorteilens. Selbst ein Winzling, wie das CoVid19, zwingt viele Menschen in die Knie, es befällt schlicht und einfach unsere tiefen Lungenbereiche, dringt in die Zellen von Lungenbläschen ein und beginnt durch ausufernde und sinnlose Vermehrungsschübe ein zerstörerisches Werk, das für viele, vor allem Ältere, mit dem unausweichlichen Tod endet. Ein Erstickungstod, elend und grausam. Grausam, wie die Natur selbst.

Grausam? Viele werden den Begriff nicht gelten lassen wollen. Er sei zu anthropozentrisch, zu interpretativ, zu selbstgerecht. Die Natur sei nicht grausam. Dem ist entgegenzuhalten, dass Grausamkeit sehr wohl objektiv definierbar ist und deshalb auf die Natur in voller Tragweite angewendet werden muss. Grausamkeit ist eine asymmetrische Energiebeziehung, die bei einem der Beteiligten zu einer negativen Gefühlstönung führt und ohne empathische Rückkoppelung ausgeführt wird.

So feiern die Fehlinterpretationen von der Natur wieder Urständ, zwar mehrheitlich keine fröhlichen aber sehr wohl mahnende. Was ist dieser Tage nicht alles in den sozialen Medien zu lesen! Warnendes sowieso, Selbstgerechtes allemal, Unsinn und Fake News gepaart und garniert mit herbeizitierten höheren Ordnungen und verdeckter Sinnhaftigkeit in all den Übeln des Jahrhunderts. Wir sind schuld! Die Natur ist gut und weise! Das ist die Rache einer höheren Gerechtigkeit! Solche und ähnliche Interpretationen reichen sich erkenntnisschwanger die virtuellen Hände. Es schauert den schuldbewussten Mitteleuropäer zuhause in seiner ungewohnten Isolation. Die Epidemie ist nicht schlimmer als viele andere davor – was uns nur schmerzlich bewusst wird, ist die Tatsache, dass komplexe Zivilisationen durch ihre hohen Populationsdichten und ihre extreme innere Vernetzung fehleranfällig geworden sind. Die Fehlerintoleranz des Systems wird aber selten sachlich diskutiert, vielmehr fordern Experten aller Richtungen regelrecht zu einer neuen Form der Selbstgeißelung auf. Der moderne Tourismus ist schuld! Die Globalisierung sowieso! An manchen Stellen wird sogar das Meisterstück fertiggebracht, Zusammenhänge zwischen Klimawandel und Corona-Epidemie zu konstruieren. Es existieren sogar schon Videoclips, in denen das Corona-Virus personifiziert zu Wort kommt und sich als persönlicher Mahner empfiehlt, der den Menschen zur Abkehr von seiner hedonistischen Lebensweise bewegen will. Das Virus als neues Über-Ich, eine zweifellos skurrile Interpretation. Während sich die einen in der naturethischen Vorstellung ergehen, die gerechte und gute Natur schlüge nun endlich zurück und strafe Homo sapiens für sein Lotterleben, meinen andere in der Krise die lenkende Hand Gottes zu erkennen. Gott, so heißt es, habe nun genug gehabt. Durch das Virus sende er uns ein Zeichen. Dies ist das alte

Spiel der Priester: Gott räche sich für die begangenen Sünden. Es wäre Zeit zur Umkehr. Diese Annahme ist nicht weniger skurril, wie das sprechende und denkende Virus. Gott, der als allmächtiges und allgütiges Wesen die Gesamtexistenz des Universums zu verantworten hat, bedürfe tatsächlich einer so lächerlichen und umwegigen Maßnahme, wie der Entsendung eines mikroskopisch kleinen, parasitischen Proteinklumpens, um der Menschheit einen Wink mit dem Zaunpfahl zu geben? Und dabei – so die klare Schlussfolgerung – nähme er auch noch den Tod tausender Unschuldiger in Kauf? Da fällt mir nur noch das Wort Woody Allens ein: Das Schlimmste, das man über Gott sagen kann, ist, dass er so wenig aus seinem Talent gemacht hat ...

Ein weiterer, mindestens ebenso schlimmer Narrativ hat unverkennbar sozialdarwinistische Züge. Die ältere Generation, von etlichen jungen Aktivisten als Hauptverursacher des Klimawandels gebrandmarkt, bekäme nunmehr von Mutter Natur die Rechnung präsentiert. Gerade an den Omas und Opas, den unverschämten, alten Umweltsäuen, labe sich nun das Virus nicht ganz zu Unrecht. Eine besondere Form der Wir-Attitüde: Unsere Alten sind Schuld! Das haben sie nun davon: Eitrige, sozialdarwinistische Auslese mit einem gewissen Gerechtigkeitsimpetus. Eine introvertierte, neurotische Faschistoidie vom Feinsten.

Während sich hysterisierte Selbstgeißelungen und erkenntnisschwangere Verschwörungstheorien in trauter Eintracht das Internet teilen, enthüllt der klare Blick des Naturwissenschaftlers ein viel simpleres Bild: Eine neue Infektionswelle, die ernst genommen werden muss, obwohl ihre Gefährlichkeit nicht wesentlich über der einer stärkeren Grippewelle zu liegen scheint. Einem neuen Virus, besonders einem mit Fokus auf Lungenbeteiligung, ist mit Vorbehalt zu begegnen. Das macht einfach Sinn, um alle Eventualitäten auszuschließen. Rabenmutter Natur ist indes teilnahmslos, wie eh und je. Unser Wirtschaftssystem wird schwerlich deshalb eine grundlegende Trendwende vollziehen und das neue Virus wird zweifellos alsbald einer medizinischen Behandlung zugeführt werden. Die Natur ist genauso wenig schuld, wie wir Menschen. Es ist ein einfaches, natürliches Geschehen: Parasit sucht Wirt. Und findet ihn auch.

Da kann man noch so sehr ethisch herumphilosophieren: Die Natur spielt ihr eigenes Spiel, kalt, teilnahmslos und egoistisch. Aber wir Menschen werden uns zu wehren wissen.

Abb. 1. Schön und gefährlich zugleich: Dunkelblauer Laufkäfer – der Schrecken jeder idyllischen Blütenwiese.
(Photo M. Lödl)

Einleitung und Begriffsbestimmung

Die Natur ist in aller Munde. Sie zieht das Interesse auf sich. Sie durchdringt fast jeden Lebensbereich und das in einem Maße, dass einem Jean-Jacques Rousseau warm ums Herz würde. Zurück zur Natur! Lasst uns natürlich leben! Natürlich Natur – kauft Bio! Wir müssen die Natur schützen! Das Bienensterben bringt uns noch alle um! So tönt es an allen Ecken und Enden. Dieses Buch wird versuchen, dem Begriff „Natur“ ein wenig nachzuspüren, wird versuchen, den Begriff dingfest zu machen. Was ist Natur überhaupt?

Die Recherche zum Thema „Natur“ ergibt erstaunlich wenig Handfestes. Der Begriff leitet sich vom Lateinischen „nasci“ (entstehen, geboren werden) ab. Das Griechische „physis“ floss vielmehr in den naturwissenschaftlichen Begriff der „Physik“ ein. Die Natur wird üblicherweise als Gegensatz zur Kultur definiert, die Natur als all das, was nicht vom Menschen gemacht ist. Daraus ergibt sich weiter, dass es eine belebte und eine unbelebte Natur gibt. Wir werden später noch sehen, dass wir mit dieser antagonistischen Definition nicht das Auslangen finden können.

Anhand von einem Dutzend kurzer Geschichten wird versucht, den Begriff zu analysieren und einzugrenzen.

Diese Natur! Was für ein unvorstellbares Bemühen! Seit Jahrmillionen quälen sich Trägerhüllen aus komplexen Zellverbänden durch einen metabolischen Zustand, den wir Leben nennen, in dem ununterbrochenen Bestreben, einen winzigen Teil ihrer selbst, ihr genetisches Material, an ihre Nachkommen weiterzugeben. Ein riesiger, gnadenloser und im Grunde abstoßender Fleischwolf, der die Keimbahn mit ihren milliardenfachen Enden und Ästen vorantreibt und viele der Mitspieler massakriert, bevor sie noch am Spiel teilnehmen konnten. Scheinbar gibt es immer nur ein Ziel vor Augen: jede Nische muss genutzt und jedes Chromosom, jedes Gen zur Weitergabe gebracht werden. Dafür wird gestritten und gekämpft, betrogen und gemordet, geworben und geliebt, gehasst und um Energiereserven gerungen. Und all das vor einer unbeeindruckten Kulisse – den Meeren, glühender Hitze und unduldsamer Kälte, den Bergen und Tälern und Flüssen, die sich ebenso wandeln im Laufe der Zeit wie das Leben selbst.

Die Natur wird vom zivilisierten Menschen geliebt. Soweit wäre das positiv und gut, aber leider hat das Pendel zu weit ausgeschlagen. Heute wird die Natur geradezu verklärt. Der neuzeitliche Bürger idealisiert die Natur, weil er sie weitgehend nicht mehr kennt. Wir huldigen einem „Zurück zur Natur", weil wir die Natur soweit zurückgedrängt haben, dass wir ihre Unbill nicht mehr kennenlernen. Wenn die Natur zuschlägt, dann fast nur noch in Form von Wetterkapriolen oder anderen Naturkatastrophen. Und da wird auch uns Menschen implizit die Schuld gegeben. Das Zelebrieren der Schuldgesellschaft hat meist die einfache Erklärung parat: würden wir Menschen nicht so sorglos mit der Natur umspringen, dann hätte es die Flut, den Sturm oder die Lawine gar nicht gegeben ....

Für viele ist die Natur auch medizinischer Heilsbringer. Die Naturheilkunde – so positiv ihre Bemühungen eingeschätzt werden können – beruht aber letztlich auch auf den

Wirkmechanismen profaner Chemie. „Alles natürlich!" tönt es in den Werbeschriften all derer, die keine „Medikamente", dafür aber natürliche Pflanzeninhaltsstoffe anbieten. Abgesehen von den Wirkmechanismen der Galenik, ist aber jeder Pflanzeninhaltsstoff reine Chemie und nichts als Chemie. Atropin bleibt Atropin, auch wenn es direkt vom Hyoscyamin der Tollkirsche stammt. Die Einschätzung einer besseren Verträglichkeit und Wirksamkeit von „natürlichen" Substanzen, beruht eher auf naturethischen Wunschvorstellungen als auf Tatsachen.

Die Natur ist für die meisten von uns eine idyllische Blütenwiese an einem wärmenden Frühlingstag. Wir erfreuen uns an der Natur, weil wir sie nur noch im Rahmen unseres Komfortspektrums kennen und wahrnehmen. Jeder hat ein wärmendes Dach über dem Kopf. Vor die Tür treten wir nur in angepasster Kleidung. Wasser kommt aus dem Wasserhahn und muss nicht mühsam von der nächsten Wasserstelle geholt werden, wo Gefahren lauern, wie wir sie im Kapitel mit den Flusspferden noch kennenlernen werden.

Der Mensch der westlichen Zivilgesellschaften hat nicht nur die Natur denaturiert, sondern auch den Naturbegriff selbst. Während in der wirklichen Natur keine einzige Art auf Dauer Energiehoheit ausüben kann, empfindet der moderne, urbanisierte Mensch bereits das normale Grün eines Rasens und eine Hecke im Park als Inbegriff des natürlichen Umfeldes. Das führt zu einer Reihe von Fehlinterpretationen und falschen Einschätzungen. Verleitet von unserem menschlichen Komfortspektrum – fern von Giftspinnen, Schlangen und gefährlichen Beutegreifern, ja auch fern von lebensbedrohlichen Parasiten und Infektionskrankheiten – geht der heutige urbane Mensch davon aus, dass es „in der Natur für die Tiere ideal sei". Diesem Irrtum werde ich im Kapitel über die Tiergärten nachgehen. Dass die Natur von sich aus ein fehlerbehaftetes Konstrukt ist, werde ich im Kapitel über späte Schwangerschaften zu zeigen versuchen und die Meinung vertreten, dass wir im Bereich der Medizin durchaus auf die Korrektur der Natur vertrauen dürfen. Dass im Naturschutz die falschen Prioritäten gesetzt werden, kommt im Kapitel „Nebenschauplätze, nichts als Nebenschauplätze" und im Kapitel über das Insektensterben zur Sprache. Und schließlich werde ich noch einige – für die Empfindung mancher – ungewöhnliche Fakten zum Klimawandel aufführen.

Für all jene, die ob dieser Lektüre ein wenig verzweifelt nach den Strohhalmen suchen, die aus dem Sumpf der missgünstigen Evolution herausragen, gibt es am Ende doch so etwas wie Beschaulichkeit, Ruhe und Frieden. Mag sein, dass wir Biologen keine besseren Nachrichten haben als jene von einer teilnahmslosen Natur und einem nicht enden wollenden Kampf ums Dasein. Aber es ist weder hoffnungslos noch zu spät. Im Gegenteil. Das Entstehen des Bewusstseins, unseres Bewusstseins, hat neue Türen geöffnet. Mitgefühl und Empathie, Liebe und Zuneigung und Barmherzigkeit sind durch die höheren Tiere angelegt und in voller Entfaltung durch uns in die Welt gekommen, das ist nicht zu leugnen. Ob das Naturverständnis bei manchen auf Glauben oder bei anderen auf einem mechanistischen Weltbild gegründet sein mag, eines kann uns niemand nehmen: Wir können einander die Hände reichen in Verständnis und Güte. Wir können unsere Eltern, unsere Kinder und unsere Lieben ehren und umarmen und ihnen helfen, ein glückliches Leben zu leben. Und wir können darum kämpfen, dass wir die Natur als „höheres Erbe“ für die nächsten Generationen erhalten können. Dazu muss aber unser Blick frei sein von Verklärung, dazu muss die Natur erkannt werden, wie sie wirklich ist, und dazu müssen wir auf die rationale Evaluierung der Geschehnisse rund um uns vertrauen.

Einige Begriffsbestimmungen:

Natur – ist der Raum belebter und unbelebter Natur, in dem keine der existierenden biologischen Arten auf Dauer Energiehoheit ausüben kann.

Galenik – Aufbereitung und Darreichungsform eines Arzneimittels, die die Wirkungsweise der Inhaltsstoffe im Körper beeinflussen.

Dekline – bedeutet kontinuierlichen Niedergang oder fortgesetzte Abnahme.

Parasitismus – ist der Energie- oder Ressourcenerwerb durch Schädigung eines anderen Individuums, ohne dieses sofort zu töten.

Naturethik – ist einerseits die Frage nach einem objektiven Wert der Natur und ihrer Phänomene und andererseits der Versuch, anhand natürlicher Gegebenheiten und Abläufe eine ethische Richtung für uns Menschen abzuleiten.

Alarmismus – ist eine übertriebene oder überzeichnete Warnung vor Problemen oder überhaupt die Behauptung von Problemen. Der Begriff impliziert, dass die Warnung übertrieben und überzogen ist.

Meme – sind Bewusstseinsinhalte, die sich in der Umwelt manifestieren, also virtuelle Inhalte, die eine Trägersubstanz erhalten (Sprache, Schrift, Bild). Sie verbreiten sich sozio-kulturell und verhalten sich nach den Gesetzmäßigkeiten der Evolution.

Entomologie – Insektenkunde

Interglazial – Zwischeneiszeit, Periode zwischen den Kaltzeiten mit Temperaturanstieg

Abb. 2. Naturnahe Sumpflandschaft – Donau-Auen bei Wien (Photo M. Lödl)

Was ist Natur? Natürlich Natur!

Ja! Natürlich wollen wir eine natürliche Natur, eine die grün ist, ruhig und rein, schön daliegend, optisch einwandfrei! Eine Natur, die ein wenig rustikal erscheint, aber nicht schmutzt, eine Natur ohne Eingeweidewürmer und daraus resultierende Kadaver. Eine Natur, in der sich die Büsche im Herbst schönfärben und die nicht stinkt. An den Bäumen hängen pausbäckige Äpfel, die Forstwege sind wandergerecht, Schilder warnen vor herabfallendem Bruchholz, das Blumenpflücken ist – Bürokratie sei Dank – verboten und Gelsen gibt es nicht. Dann schmeckt die Biobutter am Brot, auf der Blütenwiese, beim Picknick. Die Tausende und Abertausende Tode, die auf dieser Wiese gestorben werden, sehen wir nicht. Die Schlupfwespen, die ihre Opfer mit Eiern belegen, die Sandlaufkäferlarven, die ihre Beuten in Höhlen zerren, um sie zu verschlingen, und die Laufkäfer, die Regenwürmer zerfleischen, sie alle tummeln sich zu unseren Füßen, ohne dass wir sie wahrnehmen. Und das ist gut so, es bliebe uns nämlich beim Speisen der prallrote Kirschparadeiser im Halse stecken.

Das ist die Vorstellung vieler Menschen von „Natur".

„Gottseidank is' es grün da draußen!" – das ist Natur.

Diese Natur ist eine vom Menschen überwiegend beeinflusste Umwelt, eine Natur, in welcher der Mensch weitgehend Energiehoheit ausübt, das sind die Gärten und Parks, in denen Freizeit stattfindet, wo Unkraut rechtzeitig in die Schranken gewiesen wird und der Weg zum schützenden

Heim nicht weit ist. Dass wir in Ruhe auf der Wiese sitzen können, liegt daran, dass beizeiten alle großen Beutegreifer – vulgo Raubtiere – ausgerottet wurden und dass es keine Giftschlangen gibt. Oder dass es sie – Mensch sei Dank – nicht mehr gibt. Wer will schon draußen nach Feierabend mit Kreuzottern rumhängen. Eine solche Natur ist ein veridyllisierter Rückzugsraum für den Großstadthomo, dem die Tristesse zu Tode gespritzter Getreidemonokulturen am Land doch zu sehr aufs Gemüt schlägt und der sich am Wochenende ein wenig Grün ins Grau des Alltags holt. Diese Natur ist weitgehend insektenbefreit, die Dekline dieser Tiergruppe führt die Hygienisierung des uns umgebenden Lebensraumes an, der Niedergang der Vögel und Kleinsäuger folgt auf dem Fuße. Das Gezwitscher in den Bäumen wird leiser. Selbst das Bimmeln der Kuhglocken steht mancherorts bereits unter Kuratel, politisch korrekte Berufsquerulanten haben sie zum Schweigen gebracht. Das ist die Natur des Gewohnheitsurbaners und Hobbynaturethikers, die kleingärtnerische Blaupause einer ursprünglich großen Sache.

Der Fortgeschrittenere wird die Natur schon ein wenig anders sehen. Es ist die naturnahe Landschaft der Wälder und Almwiesen. In dieser „Natur" übt der Mensch nur zeitweilig oder partiell Energiedominanz aus. Gewiss, hier wird auch eingegriffen, es wird geschlägert und gemäht, aber eben nur zeitweilig. Die Wälder und Almen dürfen zwischendurch auch ein wenig durchatmen und sind froh, nur von Kuhherden gedüngt zu werden. Hier zerstört der Mensch zwar durch Waldchirurgie und übermäßige Hygienemaßnahmen alle Bockkäfer und er vernichtet durch regelmäßiges Mähen auch sonst ganze Generationenfolgen von Wespen, Bienen,

Wanzen, Blattläusen und Schmetterlingen, aber es weht wenigstens noch hin und wieder der Hauch des Ursprünglichen. Diese Biotope ruhen noch so weit in sich, dass sie sogar stöckelbeschuhte Möchtegernalpinistinnen aushalten, selbst wenn sie mit ihren kläffenden Bijous die Kuhherden terrorisieren. Insekten dürfen sich hier an warmen Tagen schon mal tummeln und das Summen in der milden Frühlingssonne klingt nicht nur nach Honigbiene. Der naturnahe Lebensraum ist ein natürlicher Kompromiss: er sieht wie Natur aus und er ist es auch bis zu einem gewissen Grad. Den gewissen Grad bestimmt der Mensch und eine gar nicht mal so kleine Anzahl an Wildtieren freut sich darüber.

Die „echte“ Natur, die „wirkliche“ Natur, die „richtige“ Natur, die Natur von uns Profis, ist etwas ganz anderes. Diese Natur ist ein Raum belebter und unbelebter Umwelt, in dem keine einzige Art über längeren Zeitraum Energiehoheit ausüben kann, es sind die dampfenden, primären Regenwälder und bergige, tropische Nebelwälder, es sind die Steppen und Wüsten, das ewige, unbewohnbare Eis, die Tiefsee und die unendlichen Weiten der Hochgebirge (wenn wir einmal von der vermüllten Plastikidylle des Basislagers am Mount Everest absehen wollen (Sehgal, 2019)). In Mitteleuropa sind das nur mehr die hochalpinen Standorte und einige wenige Teile von Naturschutzgebieten. Die Artenzahlen – besonders der tropischen Biotope – sind unvergleichlich: Zehntausende von Tier- und Pflanzenarten besiedeln nur wenige Berghänge oder Regenwaldgebiete und bilden besonders in Gestalt der Insekten unzählbare Tonnen an Biomasse (Whitmore, 1993). Es wird geboren und gestorben im Sekundentakt und der Arten- und Individuenreichtum kennt – so scheint’s – keine Grenzen.

Der urbane Homo sapiens neigt dazu, den ersten Naturbegriff zu verallgemeinern, der Mensch in betonverwüsteten Legebatterien empfindet den englischen Rollrasen als Inbegriff der „natürlichen Natur", weil's – wie schon gesagt – „grün" ist. Fatalerweise wundert es ihn aber, dass der Artenreichtum – von der Insekten- bis zur Vogelwelt – einen dramatischen Rückgang erfährt. Das eigentlich Verwunderliche ist diese Verwunderung.

Abb. 3. Jeder Tod ist einsam – mumifizierter Schafskopf in Kreta (Photo M. Lödl)

Stirb langsam, oder der Irrtum der Naturethiker

Eine der verbreitetsten und penetrantesten Irrtümer ist die Idealisierung der Natur. Die „natürliche Auslese“ mit den ökologisch sauberen Termini „Nahrungsverfügbarkeit, Klima und Krankheit“ wird gerne bagatellisiert und manchmal geradezu idealisiert. Die Folgen eines misslungenen Schusses durch einen Waidmann werden aber zumeist dämonisiert. Das ist hochgradig unseriös. In der Natur wird grundsätzlich qualvoll und einsam gestorben. Die meisten Tode, die Tiere erleiden müssen, sind wesentlich langsamer als das Ende durch einen Jäger. Jeder Winter rafft unzählige Alte und Schwache in tagelangem Todeskampf dahin, Parasiten verseuchen die Eingeweide und verursachen unsagbare Schmerzen, Verletzungen werden über Tage und Wochen immer schlimmer, brandig und schwärig, Wunden von Maden zerfressen. Dass wir die Tode nicht wahrnehmen, weil wir es durch Kulturation geschafft haben, uns aus diesem teuflischen Spiel weitgehend herauszunehmen, darf aber den klaren Blick auf die grausame Wahrheit nicht verstellen. Ich verstehe, dass uns der aktive Akt des bewussten Tötens eines Lebewesens sauer aufstößt und das Mitleid im Moment obsiegt, der Realität entspricht die naturethische Verwässerung der „grausamen Täterschaft der Natur“ aber nicht.

In sozialen Medien wird die Frage immer und immer wieder durchgewalkt: Wie lange kann die Erde den Menschen noch ertragen? Der Mensch als Krankheit, als Übel. Nur der Mensch nähme sich mehr als er gibt, seine Symbiose mit der Natur sei verloren gegangen. Unlängst las ich sogar die kühne Behauptung, der Mensch lebe in „parasitärer Symbiose" mit der Umwelt. „Parasitäre Symbiose" – das ist eine contradictio in adjecto, ein Widerspruch in sich, also ein „rundes Quadrat". Symbiose ist definitionsgemäß die Interaktion von Individuen unterschiedlicher Arten zum gemeinsamen Vorteil. Deshalb darf sie auch keinesfalls mit einer evolutionär frühen Form der Hilfsbereitschaft oder Empathie verwechselt werden! Symbiosen sind bloß parallelgeschaltete Egoismen, sie bringen eben gegenseitige Vorteile, haben also schon aus diesem Grund nichts mit Parasitismus zu tun. Parasitismus ist Energiegewinnung auf Kosten anderer, aber ohne sich diese anderen durch Tötung und Zerstörung vollständig einzuverleiben (das wäre Predatorentum). In manchen Symbiosen (z.B. bei Madenhackern) kippt manchmal das symbiotische Verhalten und wird zum parasitären Verhalten, dann ist es aber parasitär und eben nicht mehr symbiotisch. Das Biosphärengleichgewicht ist auch alles andere als eine „Symbiose mit der Erde". Vielmehr ist es ein Gleichgewicht des Schreckens und der gegenseitigen Ausbeutung. Die Natur funktioniert durch ein Gleichgewicht des Fressens und Gefressenwerdens und nicht durch ein Gleichgewicht der gegenseitigen Förderung und Stützung. Das ist auch der Grund, warum wir Menschen mittlerweile für uns selbst gefährlich werden. Auch Tierarten versuchen, unbegrenzte Energievorteile in ihrer Umwelt zu gewinnen – bloß es gelingt ihnen nicht, weil sie nicht die Power des Homo sapiens haben. Hätten sie die gleichen Möglichkeiten, so würden auch Tiere hemmungslos ihren Lebensraum zerstören (Beispiele gibt es zu Tausenden). Der Homo sapiens hat zwei gravierende Probleme: eine entfesselte, globalisierte Konzerntechnologie, die anteilsmäßig die größten „Flurschäden" auf diesem Planeten erzeugt, und zwar aus reiner Profitgier, und die lokal immer noch ungelöste Vermehrungsrate, die zu gefährlichen Populationsdichten führt und so eine gesunde Einnischung in die natürlichen Ressourcen nicht mehr zulässt. Man muss davor warnen, die globalen Zerstörungen, die der Mensch anrichtet, naturethisch erklären zu wollen! Die Natur funktioniert ja so gut und ist edel und der Mensch ist entartet und böse. Das führt uns völlig auf den Holzweg. Es ist ein grundsätzlich evolutionäres Problem, ein Problem, das man so formulieren könnte: der Mensch verhält sich „ganz natürlich", er ist nur ein bisserl effizienter als die Tiere und Pflanzen, darum wird's gefährlich. Der Mensch ist von Natur aus für Illusionen anfällig (Wuketits, 2000).

In den unzähligen hehren ökologischen Ergüssen, die man in den sozialen Medien lesen kann, ist ein weiteres Element zu finden: Die Natur sei jenes weise Konstrukt, das seinen Geschöpfen die optimale Selbstentfaltung garantiere. Die Natur selbst (egal ob man es als „Schöpfung" sieht oder als Evolutionsprozess) versagt ihren Mitgliedern eben diese freie Entfaltung. Und zwar nicht deshalb, weil sich einzelne Wesen an ihre „Gebote" der Selbstentfaltung nicht halten würden, sondern weil sie sich nicht daran halten KÖNNEN! Die Natur besteht aus einem gigantischen Netzwerk gegenseitiger Abhängigkeiten und Verdrängungsmechanismen. Aus einem grausamen und schrecklichen Spektakel des gegenseitigen Ausnützens. Niemand kann etwas dafür – aber die genetische Disposition zwingt einen Löwen, die Gazellen von ihrer friedlichen Selbstentfaltung abzuhalten, die Gazellen, die davonlaufen und den Löwen in den Hungertod zwingen, verhindern per se die friedliche Entfaltung des letzteren. Eingeweidewürmer sind so designt, dass sie in den Gedärmen anderer Lebewesen Schmerz und Schaden anrichten, und das, ohne dass es jemandes Schuld wäre. Das gleichwertige Recht, hier zu sein, kann man sich zwar paradiesisch zurechtträumen, ist aber aus Gründen des Naturbauplans UNMÖGLICH. Die heterotrophe Ernährung ist auf Abbau und Destruierung anderer Lebewesen aufgebaut und zwar systemisch. Das Leid und die Behinderung der freien Entfaltung des anderen ist SEINSIMMANENT. Da kann man noch so sehr ethisch herumphilosophieren: Die Natur spielt ihr eigenes Spiel, kalt, teilnahmslos und egoistisch. Die wenigen Symbiosen und Brutpflegen, die dem entgegenstehen, fallen im Kaleidoskop des Grauens statistisch gar nicht ins Gewicht. Selbst die Kuh, die Gras frisst, zerstört Leben, ja mehr noch – selbst der Baum, der wächst, verdrängt andere Pflanzen und behindert ihre Entfaltung und ihr Streben zum Licht. Wenn es kein Recht auf eine priorisierte Entwicklung gegenüber anderen gibt – was machen wir dann mit all den Staphylokokken, Pneumokokken und Pestbakterien (die wir übrigens praktisch ausgerottet haben)? Was machen wir mit ihnen? Lassen wir sie in unserem Inneren gedeihen, bis sie uns mit Wasserlunge und Fieberdelirium langsam und qualvoll an unserer eigenen Entfaltung gehindert haben? Der Clou ist: lasse ich die Parasiten leben und gebe ihnen eine Chance, dann senken diese meine Chance. Du oder Ich, Er oder Sie, Parasit oder Wirt, Räuber oder Beute – das ist leider jene schreckliche Seite dieser Natur, die Nichtbiologen so gerne übersehen und mit naturethischen Träumereien übertünchen. Die Würfel werden dennoch fallen, in die eine oder in die andere Richtung. Das Grundrecht des Seins ist ein schöner Gedanke, ein Gedanke, der viele Autoren naturethischer Schriften zweifellos ehrt, aber auch zeigt, wie weit das Ganze von der realen Welt entrückt ist. Im großen Kreislauf arbeiten die wenigsten Hand in Hand, im Gegenteil, zeigt sich in der Natur irgendwo eine Hand, dann kann man sicher sein, dass es irgendjemand geben wird, der sie abzubeißen gedenkt. Das ist die Norm, das ist das Naturgesetz, und wer die Natur studiert und sich mal eine Stunde auf eine Blütenwiese setzt und beobachtet, der wird dieses Panoptikum gegenseitiger Verfolgung und Ermordung sehr rasch mitbekommen. Dehnt man das Recht auf Existenz auch noch auf Unbelebtes aus, dann versagt die ethische Norm vollends. Dass ein Stein irgendwo liegt, ist das Resultat von Millionen Jahren dauernder Schmelze, Eruption, Wiederschmelze, Erstarrung, Brechvorgängen durch Wind-Wetter-Eis, Rollprozessen in Flüssen und schließlich dem rüden Angespültwerden an irgendeinem Niemandsland. Dort liegt er dann, zuvor getrieben, geschändet und gequetscht und letztlich achtlos fortgeworfen und wartet darauf, durch weitere Prozesse endgültig zerrieben zu werden. Und von wem? Von eben jener hehren Natur, von der viele glauben, es würde Sinn machen, sie anzuhimmeln. Leider, leider – aber so spielt die Natur nicht, so nicht . . . .

Abb. 4. Flusspferde – der friedliche Anblick ist trügerisch. (Bild von Sylwia Głowska auf Pixabay).

Die hilfsbereiten Flusspferde

Die Hitze brütet über der ostafrikanischen Savannenlandschaft. Es steht keine Wolke am Himmel und die Sonne brennt unbarmherzig. Die Luft ist glasig geworden, plasmatisch und wirkt, als wäre sie durchsichtiges, geschmolzenes Blei. Zikaden und Heuschrecken erfüllen die Luft mit einem teilnahmslosen und beiläufigen Sirren. Die Seen und Wasserläufe haben sich in der Trockenzeit in übelriechende Schlammsuhlen verwandelt, nur an wenigen Stellen gibt es noch Wasserflächen. Ein Trupp feister Flusspferde ruht in der stickigen Brühe. Da kommt eine kleine Herde Gnus zur Wasserstelle, vorsichtig und auffallend langsam nähern sie sich. Die wochenlange Hitze und der Mangel an Wasser haben ihnen zugesetzt. Eine Weile stehen sie unentschlossen herum, aber der Duft des Wassers ist zu verlockend! Immer näher wagen sie sich zum Gewässerrand, dabei tauschen sie immer wieder die Führungsposition. Die Angst vor der lauernden Gefahr im Wasser ist allgegenwärtig. Währenddessen liegen die schlammverkrusteten Flusspferde immer noch wie Felsen im Wasser, bestehend nur aus Augen, Ohren und Nüstern und einem aufgeblähten Rücken. Sie bewegen sich überhaupt nicht. Die Wasserfläche liegt spiegelglatt in der Sonne, keine Bewegung, keine Regung, nur tausende Moskitos umschwirren die stressgeplagten Huftiere. Schließlich kehrt Ruhe ein, die Flusspferde rühren sich immer noch nicht und die Gnus haben Vertrauen gefasst. Endlich stehen sie nebeneinander am Wasserrand und trinken, schnell und gierig. Der Tod ist in Ostafrikas Trockenlandschaften meist lautlos. Immer ist er schnell und unerwartet. Aus der verschlafenen, glitzernden Wasserfläche schießen fast vier Meter geballte Muskelkraft, angetrieben von einem langen, abgeplatteten Ruderschwanz. Das weit aufgerissene Maul mit seinen 60 Zähnen packt zu und im Bruchteil einer Sekunde splittern die Knochen im Hinterbein eines Gnus unter einem Beißdruck von fast zwei Tonnen. Die aufgescheuchten Gnus springen in Todesangst und Verzweiflung übereinander und fliehen in alle Richtungen, nur eines bleibt zurück und wird weiter und weiter in das schlammige Wasser gezogen. Das Krokodil hält es unbarmherzig fest und versucht es unter Wasser zu drücken. Ein Kampf auf Leben und Tod beginnt. Das Gnu ist kräftiger als vermutet, es wird zwar mehrmals unter Wasser gezogen, kann sich aber trotz heftigster Schmerzen immer wieder nach oben retten. Die Flusspferde sind indes aufmerksam geworden. Es kommt Leben in die Truppe. Sie sind neugierig angerückt und beobachten den Tumult in ihrem Swimmingpool mit Unbehagen. Flusspferde sind keine Geschöpfe, die Umtriebigkeit und Abwechslung in ihrem Revier zu schätzen wissen. Minutenlang verfolgen sie das wilde Auf und Ab und die verzweifelten Befreiungsversuche des Gnus mit Argusaugen. Dann geht alles sehr schnell – dem Leitbullen wird das Schauspiel zu bunt. Mit einer breiten Bugwelle taucht er unter und erscheint zwei Sekunden später wieder über Wasser – mit einem zappelnden und schnappenden Krokodil im Maul. Der Beißdruck des Flusspferdbullen ist ebenso gewaltig, das Krokodil windet sich und versucht vergebens, sich zu befreien. Flusspferdbullen sind im Rausch der Wut wahre Berserker, das Krokodil wird regelrecht massakriert. Minutenlang ist es den Attacken des braunen Riesen hilflos ausgeliefert. Nun wird das Krokodil seinerseits übel zugerichtet.

Der Konsument des Abendprogramms nimmt es schmatzend zur Kenntnis und freut sich, dass es auch in der äquatorialen Hitze Ostafrikas noch Gerechtigkeit gibt: das böse Krokodil hat bekommen, was es verdient. Leider erfolgt hier fast immer der Filmschnitt. Sonst hätte man sehen können, dass der territoriale Flusspferdbulle gleich danach auch das verletzte Gnu zu Tode beißt, es trotz seiner schweren Verletzungen nicht davonkommen lässt. Im Gegenteil: seine ganze Wut richtet sich – nachdem er vom verletzten Krokodil abgelassen hat – ganz auf das schwer gezeichnete Gnu. Mit gebrochenem Hinterlauf ist es nicht mehr in der Lage, den Wassertümpel schnell genug zu verlassen. Es wird an Rücken und Kopf vom Flusspferdbullen gepackt und solange in den schmierigen Schlamm des Tümpelrandes gedrückt, bis es elendig zugrunde gegangen ist. Erst als das Gnu leblos und mit gebrochenen Gliedern am Tümpelrand treibt, lässt der Flusspferdbulle von ihm ab, schwimmt langsam und gemächlich zu seiner Gruppe zurück und liegt wieder völlig uninteressiert und untätig in der prallen Mittagshitze. Wenn das Krokodil – aus guten Gründen – zum Gnu nicht zurückkehren kann, wird sich der Kadaver vor den Augen der Flusspferde mit Gasen aufblähen und vor den Augen und Nasen der Flusspferde langsam verfaulen.

Abb. 5. Flamingogruppe im Tiergarten Schönbrunn in Wien (Bild von Onkel Ramirez auf Pixabay).

Zoologische Gärten – Sanatorien für Pelz- und Federvieh

Und schon wieder ein Furor, eine Empörung! Zoologische Gärten – für manche der Inbegriff animalischer Gefängnisse, rüder Konzentrationslager, in denen Giraffen, Löwen und Eisbären um Befreiung betteln. Eine menschliche Entgleisung, anachronistisch und gewalttätig, das vermarktete Tier, monströs zur Schau gestellt und der ach so lauschigen Natur entrissen.

Was für eine merkwürdige Diskussion! Selbstverständlich haben moderne Zoos ganz wichtige Funktionen in unserer Gesellschaft und es ist fürchterlich, dass unsere neurotische Verbots- und Gebotsgesellschaft nun auch anfängt, sich an Tiergärten zu vergreifen. Tiergärten in westlichen Zivilgesellschaften sind Stätten, in denen gleich mehrere wichtige Aufgaben erfüllt werden:

1. Es sind Forschungsstätten, vor allem für ethologische und ökologische Fragestellungen.
2. Es sind wichtige Stätten für die Nachzucht von bedrohten Arten, es gibt unzählige Beispiele für gelungene Projekte. Und dort, wo nicht selbst ausgewildert werden kann, werden durch wissenschaftliche Untersuchungen die Fakten geliefert, die Nachzuchtstationen vor Ort gut brauchen können.

3. Es sind Orte der Bildung und des Bonding für unsere junge Generation. Allein die Möglichkeit für unsere Kinder, Tiere in hervorragend nachgebildeten Naturräumen bestaunen zu können, führt erst zu jener Bindung und zu jenem Verständnis, dass sich jeder für die nächsten Generationen nur wünschen kann. Ein Aquaterrarium mit Kaulquappen ist für jeden jungen Menschen wichtiger fürs Naturverständnis als 100 Fernsehsendungen.

Und wie ist es mit dem Tierschutz im Sinne eines individuellen Lebewesensschutzes? In Mitteleuropa zugelassene Zoos bieten den Tieren ein optimaleres Zuhause als die angestammte Natur es je könnte. Es ist ganz unglaublich, mit welcher Ignoranz die meisten die Funktionsweise der Natur zugunsten einer völlig falschen Naturethik verleugnen. Nur in Biologie-Sendungen im TV wird hygienisch und biologisch korrekt gestorben. Abends gegen acht, wenn die Familie sich bei Tisch versammelt und das Abendessen verlockend duftet, gönnt man sich regelmäßig jene Sendungen, die uns Mutter Natur näher bringen. Der Braten schmeckt gleich doppelt gut, wenn das Löwenrudel zu rhythmischer Musik hinter der Gazelle herjagt, die Zeitlupe zeigt uns den muskelbepackten Rücken des Löwenmännchens, die Ästhetik treibt der Climax zu – der sportliche Sprung und die Gazelle fällt, das hohe Gras bedeckt alles weitere, gütig und schamhaft. Die Musik wechselt, episch oder hymnisch oder gar milde – die Löwen liegen satt und zufrieden, von der Gazellenleiche ist nichts Anstößiges mehr zu erkennen. Eine sonore Stimme erläutert, wie weise die Natur doch eingerichtet ist, Alte und Kranke würden auf diese Weise schnell und nachhaltig ausgemerzt und die Löwen erfüllten so eine wichtige Funktion in der Natur. Die Momente unsäglicher Angst und der überwältigende Schmerz der aufgerissenen Bauchhöhle mit Darmaustritt bleiben unkommentiert.

So wird klar: Die meisten haben keine Ahnung, was sich in der Natur wirklich abspielt. In der freien Natur werden allerorten grausame Raubzüge verübt, verletzte und von Fressfeinden brutal geschädigte Individuen kriechen oft stunden- oder tagelang umher, bis sie endlich von anderen Feinden totgebissen oder ausgesaugt werden. Und da stößt sich der „Tierschützer“ an wohltemperierten Terrarien und Freiluftgehegen, in denen die Tiere perfekte medizinische Versorgung, bestens abgestimmte Ernährung und die optimale Populationsdichte mit Auslauf, Beschäftigung und Rückzugsmöglichkeiten geboten bekommen? Für die meisten Tierarten ist ihr Lebenskampf weit stressiger und schmerzhafter als das mundgerecht bereitete Leben in ökologisch durchdachten Zoogehegen. Die meisten, die sich als „Naturschützer“ an einer idealisierten Naturethik abarbeiten, haben einfach keine Ahnung, wie's draußen zugeht. Wer das nicht glauben will, der braucht nur die Qualen langer Winternächte in unseren heimischen Wäldern durchdenken oder die mörderische Hatz, der Gazellen in der Steppe ausgesetzt sind, mit dem unvermeidlichen Ende, das meist mit aufgerissenen Bäuchen und herausquellenden Gedärmen verbunden ist. Privilegiert, wer da in ein Tiergehege hineingeboren wird und nicht draußen elend zugrunde gehen muss.

Abb. 6. Riesen-Rossameisen aus Malaysia (Kuantan)
(Photo M. Lödl)

Die tollen Ameisen

Vor kurzem las ich eine Schmähung menschlicher Solidarität und Zusammenarbeit. Sie lautete folgendermaßen: „Hätte der Mensch das Wissen einer Ameise, dann wüsste er, dass gemeinsames Anpacken mehr bringt, als Kriege zu führen."

Aber nicht doch!

Gerade Ameisen sind das Paradebeispiel gnadenloser Eroberungsfeldzüge und grauenhaftester Devastierung (Hölldobler & Wilson, 1990). Dass das bei Ameisen wie auch bei Wespen so gut funktioniert, hat den Grund in der Bildung einer geschlechtslosen Kaste. Dieser Evolutionsschritt hat den individuellen Fluchtreflex, der jedem „selfish gene" innewohnt, weitgehend ausgeschaltet. Gerade damit kann man erst perfekt Kriege führen! Die moderne Rüstungsforschung, die auf Kriegsrobotik setzt, ist gerade dabei, genau das zu entwickeln: eine automatisierte, emotionslose Kriegerkaste, ohne Fortpflanzungsdrang und ohne Ethik. Diese Ethik, mit Neigung zu Bindung und Spiegelneuronen, hat aber gerade (und fast nur) der viel kritisierte Homo sapiens. Deshalb ist es ja so schwierig, ihn in Kriegsstimmung zu versetzen. Krieg hat auch nichts mit Aggression zu tun (das ist Kleingruppenkonflikten und individuellem Streit vorbehalten). Kriege sind Geschäftssache. Um Kriege zu führen, bedarf es der Indoktrinierung der Massen:

1. Alarmistisches Abwerten eines Gegners, 2. Entmenschlichung des Gegners, 3. Appell an ein höheres Gan-

zes (Ehre) und die Lüge der persönlichen Bedrohung (Deine Kinder sind in Gefahr!) und schließlich 4. die ausweglose Bedrohung des Rekrutenlebens durch die Machthaber selbst (sofortiges Standrecht bei Ausbruch jedes Krieges!). Nur durch diese mühsamen Kunstgriffe können Staaten überhaupt Kriege führen (Fromm, 1974)! Sonst wäre Krieg – aber niemand ginge hin! Aber für jeden Evolutionsbiologen ist es immer wieder erstaunlich, wie hartnäckig sich das Gerücht von der „klugen" und ethisch über dem Menschen stehenden Natur hält. Die Natur der Ameisen ist erfüllt mit persönlichen Katastrophen und Kleinkriegen! Gäbe man zum Beispiel Schimpansen die technischen Möglichkeiten des Menschen, er würde bedenkenlos alles rund um sich ausrotten, was ihm nicht in den Kram passt. Elefanten vernichten für ein paar frische Triebe ihre gesamte Umwelt – und ziehen einfach weiter. Dass Tiere nicht ebenso hemmungslos, ja noch hemmungsloser ihre Umgebung und alle Lebewesen darin zerstören, liegt nur an der Begrenztheit ihrer Möglichkeiten, aber nicht an irgendeiner natürlichen Moral. Der Mensch ist ein Monster, weil die Struktur dieser Natur auf diesem Planeten Monster gebiert, aber nicht weil er selbst ein Monster ist. Im Gegenteil, der Mensch ist durch sein Bewusstsein, durch Spiegelneurone und Bindungsfähigkeit tatsächlich imstande zu erkennen, dass es viel klüger wäre zu kooperieren, als sich gegenseitig auszubeuten und zu vernichten. Aber leider – es fehlen ihm die Solidarisierungsmechanismen, um immun zu werden gegen die Umtriebe der politischen Manipulation. Und deshalb fürchte ich, dass es noch lange dauern wird, bis Kriege der Vergangenheit angehören.

Abb. 7. Weihnachtsbäume werden gezüchtet und erhellen zur stillsten Zeit im Jahr unsere Gemüter und auch unsere wohl beheizten Stuben. Ihre Schlägerung gefährdet unsere Natur nicht im geringsten.

Oh Tannenbaum

Der großartige Komödiant Chevy Chase beglückte seine Familie im Film „Es weihnachtet sehr“ mit einem Weihnachtsbaum. Das mittlere Monstrum ließ durch den Druck seiner betannten Äste die Fensterscheiben bersten.

Das stört den boboesken Naturfreund allemal. So war unlängst in Facebook das Lamento zu lesen: „Am besten sind die Leute, die für Umweltschutz sind, sich aber einen Weihnachtsbaum ins Wohnzimmer stellen.“

Diese gut gemeinte, ökologische Gesinnung wird man wohl erschüttern müssen. Christbaumpflanzungen haben mit verschiedenen Belangen, allerdings weder etwas mit Natur- noch mit Umweltschutz zu tun. Es handelt sich um reine Monokulturen, oft mit Nadelhölzern, die primär in Mitteleuropa gar nicht heimisch sind. Es handelt sich um nichts anderes als eintönige „Felder“, so wie Weizen oder Hafer. Die erntet man auch ab, als Nutzpflanzen. Für den Umweltschutz brauchen wir grade die Christbaumpflanzungen nicht wirklich, Mitteleuropa hat keinen „Grünmangel“. Das ist so ähnlich, wie derzeit ein Hype um das „Wassersparen“ durch die Köpfe geistert. Beim überwiegenden Teil der österreichischen Bodenfläche handelt es sich um wasserführende Systeme mit ununterbrochenem Kreislauf (Regen – Grundwasser). Es ist völliger Unsinn, in einem solchen (montan-alpinen) System Wasser „sparen“ zu wollen. Sparen wir in den Alpen Wasser, so kommt trotzdem in der Sahel-Zone keines an. Genauso brauchen wir den Sauerstoff einzelner Baumpflanzungen nicht, Mitteleuropa ist grün genug. Wünschenswert wäre, weniger Baum-Monokulturen anzupflanzen und mehr natürliche Mischwälder zu haben. An Christbäumen kann sich jeder fünf Stück zuhause aufstellen. Es ist für die Qualität unserer Natur höchstens ein Segen.

Abb. 8. Der moderne Mensch hat nicht nur eine höhere Lebenserwartung, er bleibt auch länger jung. Viele leben nach dem Motto: Mit 66 Jahren fängt das Leben an!
(Photo: The Anna Novak Lifestyle – Best Ager Model).

Der Natur ein Schnippchen geschlagen

Den Vierlingen geht es gut! Sie sind wohlauf! 2015 brachte die pensionierte Lehrerin Annegret R. Vierlinge zur Welt. Mit 65. Gewiss eine risikoreiche, späte Schwangerschaft mithilfe der Medizin. Das, was sich an Shitstorm in den sozialen Medien damals über die arme Frau ergossen hat, sucht seinesgleichen. Es war ein Furor, der eine anständige Frau traf, die weder straffällig ist noch ihre Kinder vernachlässigt hat, sondern nur einem ungewöhnlich späten Kinderwunsch nachgab. Wie aus Medienberichten zu entnehmen war, hat sie alle ihre Kinder anständig großgezogen, sie hat für sie gesorgt, sie hat gearbeitet und Steuern entrichtet inklusive aller Sozialabgaben, und was sie an Kinderbeihilfen erhält, ist kein Almosen, sondern gesetzeskonform. Die in den Medien vorgebrachten Argumente waren überwiegend unerträglich.

Zeit, einiges ins rechte Licht zu rücken.

- Es ist in unseren Breiten allgemeiner Konsens, dass unserer Gesellschaft der Kinderwunsch absolut heilig ist, rein privat und unantastbar, es gibt keine Beschränkungen, Ausgrenzungen, Zwangssterilisationen oder Verbannungen von Schwangeren. Gott sei Dank! Wer hier nach Staatsanwalt und Jugendamt plärrt, weiß nicht, wovon er redet. Er sollte einmal überlegen, was die Konsequenz ist: „Nachwuchsbeschränkung“ vielleicht? Was ist mit genetischen Erkrankungen? Frauen mit gesundheitlichen Beeinträchtigungen oder psychischen Problemen? Frauen, die wissen, dass sie eine Risikoschwangerschaft gemeinsam mit ihrem Arzt eingehen, oder Frauen, die durch eine Erbkrankheit oder Krebs eine verkürzte Lebenserwartung haben? Frauen, die mit ihrer Familie dem Kind keinerlei finanziellen oder intellektuellen Background bieten können? Was ist mit Straffälligen? Was jetzt? Sollen sie alle von Staatsanwaltschaft und Jugendamt an die juristische und womöglich medizinische Kandare genommen werden? Alle, die sich hier alterieren, sollten einmal nachdenken, wieviel praktisches Leid durch Verwahrlosung und überforderte (junge) Mütter angerichtet wurde – und niemand wird allen Ernstes daran denken, einen „Zulassungskatalog" für werdende Mütter zu erstellen. Und das gilt auch für eine ältere Frau.

– Wenn ein in die Jahre gekommener Schauspieler-Macho mit 75 eine 25jährige als Neuntfrau anschleppt und Kinderglück verkündet, dann säuselt und jubelt die Fangemeinde. Der Typ gilt als toller Hecht, obwohl er seinem Kind gerade mal bis zur Volksschule Vater sein wird. Komischerweise gibt es in diesem Fall kein Geheule.
– Mit der Naturethik lasse man die Kirche lieber im Dorf. Die Natur ist kein guter Ratgeber. Die Evolution hat uns somatologisch Unmengen an Schrott und Fehlfunktionen aufgehalst. Was ist denn letztlich die Medizin? Nichts anderes als ein gigantischer und verzweifelter Versuch, der Natur ein Schnippchen zu schlagen. Die Dame darf keine Kinder mehr kriegen, weil's die Natur nicht vorgesehen hat? Die Natur hat auch nicht vorgesehen, dass Kinder, die sich nicht rechtzeitig drehen, zur Welt kommen. In der Natur sterben beide einen furchtbaren Tod. Soll man nun Müttern

in solcher Not den Kaiserschnitt verwehren, weil er gänzlich „unnatürlich" ist? Oder gibt's neuerdings bei jeder Risikoschwangeren auch einen Shitstorm auf Facebook? Ich für meinen Teil bin heilfroh, dass in der Medizin über weite Strecken rein gar nichts mehr „natürlich" zugeht. Andernfalls würden wir alle schön schauen.

– Bemerkenswert, dass gerade bei dieser Mutter vehement auf der reduzierten Lebenserwartung herumgeritten wurde. Wie viele Väter sind gar nicht präsent – und verschwinden alsbald im Nirwana von Karriere oder Scheidung. Hätten die alle keine Kinder kriegen dürfen? Wie viele Frauen sehen ihre Kinder gerade mal am Abend, ausgelaugt von der Tagesmaloche, wie viele Kinder wachsen in Horten auf, im Sozialstress? Das wird den Kleinen von der 65jährigen Berlinerin wohl nicht passieren. Es gibt tausende Kinder, die ihre Eltern frühzeitig verlieren, das ist ein trauriges Schicksal, aber genau so gut kann die 65jährige Mutter bei guter Gesundheit 90 werden, dann sind die Vierlinge jedenfalls schon 25 . . . .

Abschließend kann ich nur sagen, dass ich persönlich diese späte Schwangerschaft für höchst problematisch halte. Aber auf diese Weise eine Frau zu kriminalisieren, die eine gut behütete und offenbar sehr geliebte Kinderschar vorzuweisen hat, und kein Wort über jene zu verlieren, die im Suff ihre Kinder misshandeln, verwahrlosen lassen und quälen, finde ich ungerecht und indiskutabel und auch nicht sonderlich intelligent.

Abb. 9. In den Blüten lauert der Tod: Honigbiene als Opfer einer Krabbenspinne
(Photo M. Lödl)

Einstein und die Bienen

Einstein hat wieder zugeschlagen. Die Häufigkeit seines Erscheinens in Form illustrer Zitate ist direkt proportional zur gerade fälligen, sich viral verbreitenden Erregung. „Wenn die Bienen aussterben, hat der Mensch nur noch vier Jahre zu leben." Also sprach Wunder-Albert und der Glaube an den Nobelpreis feiert fröhliche Urständ. Schlag nach bei Einstein sozusagen. Es tut mir furchtbar leid – das Zitat ist Unfug, es stammt natürlich nicht von Einstein. Einstein war Mathematiker – er hätte niemals einen so unseriösen Zeitkorridor von vier Jahren in den Raum gestellt. Für Einstein und seine Zeit waren die Bienen kein Thema, das er so engagiert und leichtfertig kommentiert hätte. Übrigens sind die meisten Weisheiten in den Social Media, die Einstein zugeschrieben werden, veritable Fakes. Einen Alarmismus mit Einstein zu decken, hat aber einen klaren Grund: es soll Seriosität simuliert werden, die nicht vorhanden ist. Wer wollte schon einem Genie widersprechen?

Zum biologischen Aspekt muss man sagen, dass das reine Überleben des Menschen absolut NICHTS mit dem Überleben der Bienen zu tun hat – die weitaus meisten Nahrungsquellen (Getreide! Fleischprodukte! Viele Gemüsen!) sind nicht von der Biene abhängig. Allerdings ist die Biene tatsächlich ein bedeutender Bestäuber bei einem bestimmten und uns wichtigen Nahrungssegment (Obst!). Das Bienensterben, das in den verschiedenen Weltregionen sehr unterschiedlich dramatisch verläuft, ist wahrscheinlich auf mehrere Ursachen zurückzuführen. Die gigantische und schwachsinnige Ausbringung von Chemikalien führt zu einer Grundschwächung der Völker und der Befall mit der Varroa-Milbe (offenbar neuerdings ein recht aggressiver Parasitenstamm) führt dann zur bekannten Colony Collapse Disorder (Van Engelsdorp et al., 2009), also einem sehr grundlegenden, inneren Zusammenbruch eines Volkes. Da die Hauptursache ein Parasit (Varroamilbe) ist, ist es biologisch wahrscheinlich, dass sich die Spezies Apis mellifera nach etlichen Jahren mit einer geänderten Immunabwehr anpassen wird. Die Imker wären gut beraten, Zuchtlinien sehr sogfältig danach zu wählen, welche Stämme aus einer Varroabelastung gut hervorgegangen sind. Dass der Mensch vier Jahre nach dem „Aussterben" der Biene auch ausstirbt, ist allerdings ein Alarmismus, der von allen Fans kollektiver Menschheitsschuld mit wohligem Schauer aufgenommen wird.

So verlockend die Alarmierung durch die Bedrohung der Honigbiene auch ist, sie haben nichts mit dem evolutiven Überleben der Spezies Homo sapiens zu tun. Es gibt nur ganz wenige Dinge, die für das generelle Überleben der Menschheit wirklich prekär wären, und die liegen eher im Strahlenbereich. Nicht einmal die herannahende nächste Kaltzeit wird die Art Mensch zum Aussterben bringen, wenngleich sie vermutlich die größte bisher gekannte Krise der Zivilisation auslösen wird, weil die wichtigsten nördlichen Besiedelungsgebiete unattraktiv werden. Es ist leider eine „pseudoökologische Liebelei", die rüpelhafte Umgangsweise des Menschen mit seiner Umwelt als Anlass zu nehmen, um ihm seinen baldigen, selbstverschuldeten Abgang zu prophezeien. Für einen

Evolutionsbiologen gibt es keine Anzeichen, die derartiges bestätigen würden: wir sind eine extrem aggressive, ubiquitäre Alpha-Spezies, die über erstaunliche Fähigkeiten verfügt (hohe Intelligenz, Technologienutzung, virtuelle Planung und Solidarisierungsmechanismen über Meme). Wir haben sogar das Kunststück geschafft, mit Parasiten im mikroskopischen Bereich Ratzeputz zu machen – und das will wirklich was heißen. Mit hoher Wahrscheinlichkeit würden wir sogar dann noch diesen Planeten bevölkern – wenn auch in deutlich reduzierten Populationsstärken – wenn wir fast alle Naturräume zerstört und einen Großteil des Artinventars dieses Planeten vernichtet hätten. Das Überleben wäre aber wahrscheinlich kein angenehmes und der Einklang mit der Natur wäre für uns verloren.

Abb. 10. Die Vogelfalter aus Neu Guinea sind streng geschützt. Doch dieser Schutz ist völlig nutzlos, solange ihre Lebensräume zerstört werden. Nicht das Sammeln von Schmetterlingen, sondern das Abholzen von Regenwäldern und Aufforsten mit Ölpalmplantagen vernichtet ihre Bestände.
(Photo M. Lödl)

Nebenschauplätze, nichts als Nebenschauplätze

Herbizide, Insektizide, Abholzung von Regenwäldern und verschiedene andere Grauslichkeiten – das alles ist kein wirkliches Problem für unsere Politelite. Da wird lobbyiert, weggeschaut und gepackelt. Dafür zeigt man anderweitig Flagge. Da legt man Argusaugen auf Washingtoner Artenschutzabkommen, auf CITES-Papiere und andere Nebenschauplätze. Während das Sammeln der großen und eindrucksvollen Vogelfalter in Neuguinea unter Strafe steht, dürfen die Lebensräume der imposanten Tiere flächendeckend mit Palmölplantagen vernichtet werden. Unsere Froschlurche sind uns heilig. Wer mit seinem Siebenjährigen im Vorfrühling, bewaffnet mit einem Gurkenglas, in den Auwald geht und Kaulquappen aus einem Regenwassertümpel am Rande eines Forstweges herausfischt, hat mit dem rüden Eingreifen eines Naturschutzorgans zu rechnen. Dass der nächste Traktor alle Kaulquappen auf besagtem Waldweg plattwalzt, stört niemanden. Wenn eine Studentengruppe zu Studienzwecken Insekten aus der Natur entnimmt, finden sich stets beherzte „Naturschützer", die ihnen die Leviten lesen. Es sind dieselben Leute, die in ihrem Garten kiloweise Schneckenkorn verstreuen und sich um die Todesqualen, die sie verursachen, überhaupt nicht scheren.

Da passt es nur ins Bild, dass zusätzlich zu den ohnehin schon strengen Beschränkungen privater Terrarien- und

Aquarienhaltung auch noch ein Verbot von Terrarienbörsen angedacht wird.

Vom Standpunkt der Fachzoologie muss man dazu folgende Punkte anmerken:

1. Der Nutzen für den Naturschutz durch Verbot jeglicher privater Wildtierhaltung, auch im Bereich der Aquaristik und Terraristik, ist extrem gering. Die heillosen Alarmismen, die hier in den letzten Jahren verbreitet werden, gelten bestenfalls für einige wenige Arten. Die wirkliche Gefährdung liegt in den Herkunftsländern und besteht in einer gnadenlosen Biotopvernichtung. Die Ausbeutung von Primärwäldern und die Vergiftung der Böden verursacht ein derartiges Artensterben, dass der Markt für Kleintiere daneben völlig bedeutungslos ist. Im Gegenteil, solche Verbote führen nur zu einer Verschleierung der echten Probleme. Aber der naturschutzbeflissene Europäer glaubt, irgendwas bewirkt zu haben.
2. Die Grundlagenforschung an den Universitäten und Museen ist personell derart unterbesetzt, dass die dringend nötige Erforschung von Biologie und Ethologie vieler Kleintiere nicht mehr erfolgen kann. Das große Heer an Privatgelehrten – und zu denen gehören Entomologen, Vogelspinnenliebhaber, Terrarianer und Aquarianer – arbeiten den Fachbiologen zu. Wir könnten viele wissenschaftliche Publikationen ohne die wertvolle Arbeit dieser Leute gar nicht bewerkstelligen.

3. Um sich für etwas einzusetzen, muss es ein „Bonding in der Sache“ geben. Das gelingt aber nur, wenn wir bei der Jugend Interesse fördern. Mein alter Lehrer Konrad Lorenz wäre ein glühender Gegner eines solchen Verbotes gewesen, weil er erkannt hat, dass nur eine Jugend, die mit dem schon erwähnten Gurkenglas hinausgeht und Kaulquappen einsammelt, auch von der Natur etwas versteht und sie als Ganzes schützen will. Ein solches Verbot ist pädagogisch gesehen geradezu grotesker Unsinn.
4. Zur nicht sachgerechten Tierhaltung muss man sagen, dass es immer und überall schwarze Schafe gibt, auch bei der Katzen- und Hundehaltung. Es gibt sie aber genauso im Bereich der Schlachtung, wo sich immer wieder Sadisten einschleichen, die dazu neigen, ihre Grausamkeit an Schlachttieren auszuleben. Derartiges muss im Einzelfall unterbunden werden. Die Garde der Hobbywissenschaftler ist eher ein Garant, dass solche schwarzen Schafe aufgedeckt werden. Wenn wir jungen Nachwuchsentomologen bei der Nachzucht von Schmetterlingen und der Haltung von Raupen Mist gebaut hatten, war die Schelte der Seniorkollegen gewiss. Man hat die dummen Fehler danach nie wieder gemacht.
5. Der Tierschutz im Sinne eines individuellen Lebewesensschutzes ist durchaus lobenswert. Die überwiegende Zahl der Aquarianer und Terrarianer ist schon aus biologischem Interesse bestrebt, den Tieren ein optimales Zuhause zu bieten. Da mögen junge Menschen auch mal einen Fehler machen, der ist aber gegenüber dem Erfolg des Ganzen völlig unbedeutend. Stress unter Terrariumsbedingungen? Da muss ich als Biologe aber lachen! Man muss sich fra-

gen, ob den marktschreierischen Tierschützern überhaupt klar ist, was sich in der Natur abspielt? Die freie Natur kennt keine Gnade. Parasitierungen führen zu unvorstellbaren Qualen. Und da stößt sich der „Tierschützer" an wohltemperierten Terrarien, in denen Echsen und Schlangen gut gefüttert, in passender Gesellschaft, wohl temperiert und frei von Parasiten gehalten werden? Einer Vogelspinne kann gar nichts besseres passieren als sieben, acht Jahre in einem gut beheizten Terrarium leben zu müssen – und zwar „ohne Angst vor Wegwespen". Das Schicksal vieler Vogelspinnen wird in ihrer südamerikanischen Heimat durch die riesigen, blauschillernden Wegwespen der Gattung Pepsis besiegelt. Sie umtänzeln ihre Opfer und fügen ihnen schließlich einen schmerzvollen und lähmenden Stich in ihren Bauchnervenknoten zu. Danach werden die noch lebenden, aber gelähmten Spinnen in eine Sandhöhle geschleppt, mit Eiern belegt und müssen sich in wochenlangen Qualen bei lebendigem Leibe auffressen lassen. Das alles ersparen sich Spinnen in Terrarienhaltung, ja mehr noch, ein Geschlechtspartner wird meist noch frei Haus mitgeliefert. Wer derart abstruse Anforderungen an den Tierschutz stellt, dass er aus grundsätzlichen Gründen ablehnt, dass irgendein Tier in Heimhaltung „geschädigt" wird, der darf auch nicht mehr mit dem Auto fahren (tausende tote Tiere am Kühlergrill!), der darf nicht mehr durch eine Wiese gehen und auch kein Fleisch mehr essen – denn immer werden andere Lebewesen dabei geschädigt.

6. Es gibt viele Arten, die in ihrer natürlichen Heimat schon sehr selten geworden sind. Sie werden nachgezüchtet und

finden in der weltweit vernetzten Aquarianer- und Terrarianergemeinschaft sogar so etwas wie ein Bio-Heritage-Gemeinschaft. Es existieren im Zuchtbereich Gen-Pools, die sogar dazu herangezogen werden können, Artauffrischung zu betreiben. Wenn eine Art durch die wirklichen Bedrohungen wie Biotopvernichtungen im Freiland verschwindet, so gibt es wenigstens noch Zuchtgruppen, die zum Weiterbestand der Art beitragen können.

Fazit: der Schaden, der durch weitere Einschränkungen des Privatgelehrtentums entsteht, ist erheblich höher als der Nutzen. Pädagogisch gesehen ist es sogar kontraproduktiv, weil wir jeden biologischen Nachwuchs unterbinden. Sozialpolitisch ist es eine ungehörige Einmischung in die persönliche Bildungsfreiheit und ein weiterer, fataler Schritt in den aufsässigen Gouvernanten-Staat.

Abb. 11. Der markanteste Klimawandel der Neuzeit war eine drastische Klimaverschlechterung: die kleine Eiszeit zwischen dem 16. und 19. Jahrhundert führte nicht nur zu schweren sozialen Krisen, sondern bescherte uns auch die Vergletscherung der Alpen, wie wir sie heute kennen.
(Photo M. Lödl, Friaulische Dolomiten)

Klimawandel – was sonst?

Die Alarmierung wegen des Klimawandels ist mittlerweile allgegenwärtig, nicht mehr wöchentlich, sondern bereits täglich. Es wird wärmer. In der Tat ist das unbestreitbar. Es ist ein heftiger Disput innerhalb der Forschergemeinde. Die Befürworter der menschengemachten Erderwärmung haben die Oberhand, dennoch gibt es immer wieder gewichtige Gegenstimmen von Seiten verschiedener Physiker, Biologen und Paläontologen. Das ist wichtig, ist doch die nonkonformistische und kritische Haltung die oberste Pflicht der Naturwissenschaften. Noch vor kurzem hatten aber nicht einmal die Hardcoregestähltesten der Klimawandelbefürworter behauptet, die Erwärmung sei „ad infinitum", führe also bis zum Verglühen der Erde. Bleibt also die Frage: bis wohin geht sie also, unsere Erderwärmung? Und: ist sie tatsächlich überwiegend negativ zu beurteilen? Klimawandel gab es zu allen Zeiten, die Erdgeschichte ist ein beredter Zeuge dieses Phänomens. Nicht ganz zu Unrecht warnen daher manche Klimaforscher vor gefährlichen Kippeffekten. Klima ist ein komplexes, chaostheoretisches System und als solches anfällig für Lawineneffekte: werden bestimmte Parameter überschritten oder unterschritten, beginnt das ganze System gewissermaßen in die Instabilität abzugleiten. Dies wird ständig im Zusammenhang mit dem CO2 Anstieg zitiert. Kritisch anmerken muss man, dass der derzeit erreichte CO2-Level von 400 ppm in der Erdatmosphäre kein besonders hoher Level ist, ja ganz im Gegenteil. Die Pflanzen profitieren von höheren CO2-Konzentrationen, was sich positiv auf allgemeines Wachstum und die Erträge der Landwirtschaft auswirkt. Im Laufe der Erdgeschichte waren die CO2-Konzentrationen sehr häufig weit höher, nämlich bei über 1000 ppm. Bei Werten um 200 ppm wirkt sich das bereits negativ auf das Pflanzenwachstum aus. Was die wenigsten wissen und was relativ häufig bei allen Diskussionen über den Klimawandel verschwiegen wird: wir leben heute in einer der kühlsten und unwirtlichsten Phasen der Erdgeschichte, wir haben also eher Luft nach oben als nach unten. Seit der Perm-Kaltzeit vor etwa 260 Millionen Jahren war es nie wieder so kalt wie heute. Seit Jahrhunderttausenden stecken wir in einer veritablen Kaltzeitperiode fest, die sich rhythmisch mit echten Eiszeiten bemerkbar macht. Wie ein Uhrwerk wechseln Kaltzeiten mit ungefähr 80.000 bis 100.000 Jahren Dauer mit Zwischeneiszeiten (Interglazialen) von etwa 10.000 bis 12.000 Jahren Dauer ab. Der Mensch hatte das Glück, seine Hochzivilisationen in einer solchen Phase ausbilden zu können. Unsere derzeitige Zwischeneiszeit und damit eine einigermaßen erträgliche Klimasituation dauert über 11.000 Jahre. Während der schlechtesten Phasen einer Kaltzeit wäre nämlich ein geordnetes Leben im größten Teil der Nordhalbkugel (von Mitteleuropa nordwärts) schlicht unmöglich. Wir haben – so scheint's – unsere milde Interglazialphase ziemlich aufgebraucht. Vermutlich Zeit, sich Sorgen zu machen. Die jetzige Erwärmung scheint uns noch eine kleine Verschnaufpause zu gönnen. Damit wird auch ein wesentliches Problem der Klimadebatte deutlich: Es ist weniger eine Frage, ob die Klimaerwärmung vom Menschen beeinflusst ist, sondern eher eine Frage, ob es gut oder schlecht für die Menschheit ist. Diese Frage erörtert ausführlich der bekannte Physiker Freeman Dyson (Dyson, F. & McNish, S., 2015). Er kommt zu dem Schluss, dass es wesentlich besser ist, dass sich die Klimaänderung im Moment in Richtung Erwärmung bewegt, weil sich dies durch höhere CO2-Werte wesentlich günstiger für die Pflanzenentwicklung auswirkt. Im übrigen ist die weitaus meiste Zeit der Klimaentwicklung in Europa im Verlauf des laufenden Interglazials mindestens so warm oder wärmer gewesen als heute. Wir betrachten ständig die besagte Hockeykurve mit einem steilen Anstieg in den letzten 30 Jahren, dabei ist diese Kurve eine U-Kurve, da wir mit der letzten, sogenannten Kleinen Eiszeit eine ungewöhnlich kalte Periode hinter uns gebracht haben (Schönwiese, 1997). Trotzdem wäre es völlig verkehrt, die Klimaerwärmung und den menschengemachten Anteil völlig zu negieren, beziehungsweise die falschen Schlüsse zu ziehen. Selbstverständlich macht es Sinn für die Menschheit, eine Ökologisierung des Energieverbrauches voranzutreiben und Wege zu suchen, die erneuerbaren Energieformen zu unterstützen. Die Stoßrichtung des Klimawandels in Richtung Erwärmung ist aber im Angesicht einer heillosen Überbevölkerung keinesfalls negativ. So sieht auch der Klimatologe Hans von Storch (Storch, 2018) nicht das Hauptproblem im Schutz von Küstenregionen, die durch Überflutungen bedroht werden. Diese wären technisch ohne weiteres in den Griff zu bekommen. Ein großes Problem ist hingegen, dass Ökosysteme, an die wir mittlerweile gewöhnt sind, als Ganzes instabil zu werden drohen. Eines der Hauptprobleme, ist zweifellos die Zunahme von Extremwetterereignissen. Diese sind deshalb so problematisch, weil die moderne Zivilisationsgesellschaft mit ihren hohen Bevölkerungsdichten völlig änderungsintolerant geworden ist. Jede, aber auch wirklich jede klimatologische und orographische Änderung (durch Wetterereignisse) wirkt sich katastrophal aus, weil immer irgendjemand mit seinem Besitz und Leib und Leben bedroht ist. Der Spielraum für klimatische Kapriolen ist so gering geworden, weil unsere Gesellschaften nicht mehr fehlertolerant sind. Selbst geringe Abweichungen einer Momentstabilität zeigen große Wirkungen und führen zu vermeintlichen oder tatsächlich fatalen Bedrohungsszenarien. Wir haben primär ein Überbevölkerungsproblem (Ganteför, 2015), die klimatische Veränderung ist dabei erst einmal eher sekundär, wenn nicht sogar eher positiv, weil es uns einen kleinen Vorsprung bei der mittelfristig drohenden Absenkung der Temperatur einer herannahenden, neuen Kaltzeit verschafft.

Es lohnt aber, das „Big Picture" zu betrachten. Das kann man am besten, indem man die Situation des Menschen in vier Bilder verpackt – und diese vier Geschichten will ich hier erzählen:

1) Nehmen wir an, wir Menschen hätten nicht die geradezu lächerlich geringe Lebensspanne von 80-90 Jahren zur Verfügung, sondern mehr als das Zehnfache. Nehmen wir an, wir wären vor knapp tausend Jahren zur Welt gekommen und blickten nun auf unser Leben zurück. Wir hätten den überwiegenden Teil unseres Lebens in den milden Ausläufern des interglazialen Temperaturoptimums verbracht, in einer Zeit, etwas wärmer als heute. Angenehm heiße Sommer und milde Winter hätten unsere erste Lebensphase begleitet. Die Mitte unserer Jahre wäre hingegen versaut gewesen durch eine Klimaphase, die wir „Kleine Eiszeit" nennen, tiefe Temperatu-

ren und eine Zeit der Opfer und Entbehrungen. Plötzlich hatten wir Jahre erleben müssen, in denen es gar keine Wärmephasen gab und hier in Mitteleuropa während des Sommers zeitweilig Schnee fiel. Missernten und wütende Epidemien verbitterten unsere Existenz. Es schien wie verhext, mehrere hundert Jahre war Mitteleuropa in eine düstere Gegend mit nicht enden wollenden Regenfällen und harten Wintermonaten verwandelt. Pieter Brueghel malt in dieser Zeit seine unvergleichlichen Bilder zugefrorener Grachten – ein Bild, das beim gemäßigten Klima der heutigen Niederlande fremd und unwirklich erscheint.

Jetzt, gegen Ende unseres Daseins, würden wir mit Freude einen neuerlichen Temperaturanstieg wahrnehmen. Zwar erst seit kurzem und ein wenig zaghaft, aber der Begriff „Klimawandel" würde für uns eine Rolle spielen: er wäre höchst positiv besetzt!

2) Nehmen wir weiter an, wir Menschen hätte eine Lebensspanne von 8000, 9000 Jahren oder mehr. Es ergäbe sich ein völlig anderes Bild. Wir hätten den überwiegenden Teil unseres Lebens in einer sehr angenehmen Zeit verbracht, das Klimaoptimum unserer Zwischeneiszeit wäre unser Lebensbegleiter gewesen. Phasen – wärmer und schöner als heute – hätten mit kurzen Episoden schlechterer Wetterlagen abgewechselt. Den Pasterzen-Gletscher am Groß Glockner hätten wir erst sehr spät in unserem Leben entstehen sehen. Die meiste Zeit unseres Daseins wäre die Gletscherregion in saftigem Almgrün vor uns gelegen, voll mit blau blühenden Enzianen. Alles in allem hätten wir eine prachtvolle Jugend und ein angenehmes Altern gehabt. Nur spät, sehr spät in unserem Dasein hätten wir die „Kleine Eiszeit" als Stachel in unserem

Fleisch empfunden, immerhin etwa 400 verflixte Jahre, ein Grund zur Ärgernis. Die letzten paar Jahre der Erwärmung wären für uns willkommene Rückkehr zur Normalität. Den Begriff „Klimawandel“ hätten wir angesichts des moderaten Temperaturanstiegs der letzten Jahrzehnte gar nicht erst geprägt.

3) Wir wollen noch weiter gehen und unsere Lebenserwartung auf unglaubliche 80.000 bis 100.000 Jahre ausdehnen. Unser Leben wäre gegensätzlich zum vorigen verlaufen. Bis auf unser letztes Lebenszehntel hätten wir unser Dasein im schlechtesten denkbaren Szenario gefristet. Bittere Entbehrung in überwiegend miesem Klima wäre unser Alltag gewesen, im heute pannonisch begünstigten Wien hätte die meiste Zeit Dauerfrostboden jede Landwirtschaft unmöglich gemacht. Zehntausende von Jahren hartes und von Hungersnöten geprägtes Leben. Die gesamten Alpen wären mit eineinhalb Kilometer dicken Gletschern bedeckt gewesen und die Arktis hätte bis Mitteldeutschland gereicht. Dann, in unserer letzten Lebensphase endlich, ein Lichtblick, ein wenig Sonne auf die müden Glieder der achtzigtausendjährigen Rentner. Die Erwärmung wäre ein Geschenk des Himmels, der Begriff Klimawandel wäre für den Beginn des Interglazials geprägt worden und ein steter Anlass zu Jubel. Die Klimaverschlechterung der „Kleinen Eiszeit“ hätten wir gar nicht richtig wahrgenommen, um so viel besser wäre dieses Wetter im Vergleich zu unserem früheren Leben gewesen. Die derzeitige Klimaerwärmung würde gar nicht richtig gewürdigt, so angetan wären wir von der generellen Wetterbesserung der letzten 11.000 Jahre.

4) Das erstaunlichste Ergebnis in der Wahrnehmung der derzeitigen Erderwärmung aber bietet die vierte Geschichte. Auf die schier unvorstellbare Lebensspanne von fast einer Million Jahren blicken wir zurück. In diesem langen Leben hätten wir ein dauerndes Auf und Ab erlebt, immer wiederkehrende Kaltzeiten von 80.000 oder 90.000 Jahren Länge, unterbrochen von wärmeren Erholungsphasen. Und immer wieder hätten wir die erschütternde Erfahrung gemacht, dass die Warmzeiten nicht von Dauer sind. Regelmäßig nach etwa 10.000 Jahren hätte das Klima wieder begonnen, unfreundlich und immer unfreundlicher zu werden, mit bedrückender Gleichförmigkeit hätten wir uns wieder auf Zehntausende von Jahren mit Eis und Schnee, mit Hunger und Entbehrungen einzustellen gehabt. Für uns, die wir in einer solchen Gesellschaft leben, wäre das Wort „Klimawandel“ der ultimative Begriff des Lebens. Wir würden stets mit dem Bewusstsein existieren, durchhalten zu müssen, bis endlich wieder der positive Klimawandel, die Erwärmung kommt. Vermutlich würden derartige Gemeinwesen zu Göttern beten, die ihnen den wiederkehrenden Sommer in Aussicht stellen, und alles würde gespannt auf den einen Moment warten: bis endlich an irgendeinem Frühlingstag wieder die Sonne wärmend scheint. So ähnlich, wie unsere Gesellschaft mit „normalen“ Menschen, die eine Lebenserwartung haben, die kürzer ist als ein Wimpernschlag der Erdgeschichte, jedes Jahr auf den Frühling wartet, nachdem sie Monate der Dunkelheit und Kälte ertragen musste. Wer eine Million Jahre erlebt, gehört zur Kaste der echten Sonnenanbeter, stets wartend auf ein neues Interglazial. Zum jetzigen Zeitpunkt wären wir gerade wieder alarmiert. Die momentane Erwärmung würden wir im Verhältnis

zur jüngsten Vergangenheit gar nicht wahrnehmen. Im Gegenteil, wir wären erschrocken und verängstigt, dass das Interglazial wieder einmal zu Ende gehen könnte. Über 11.000 Jahre dauert es nun schon an! Die Medien dieser langlebigen Gesellschaft wären voll mit Alarmismen über einen neuerlich bevorstehenden Zusammenbruch unseres Klimas. Jetzt endlich in der Neuzeit angekommen, hätten wir die industriellen Möglichkeiten, gegen eine drohende Eiszeit etwas zu unternehmen, der Druck der Bevölkerung und der Wissenschaftler würde dazu führen, dass die Politik in industrielle Anlagen investiert, die allerorten CO_2 und Methangas produzieren und in die Luft blasen. Und all das, weil man erkannt hätte, dass die Abholzung der Wälder und alle Abgase dieser Welt nicht ausreichen, um die nächste Eiszeit ein für allemal aufzuhalten. So wären unsere uralten Vettern diejenigen, die in der jetzigen Situation mindestens genauso ängstlich wären wie wir Kurzlebigen, aber aus völlig anderen Gründen.

Angesichts der Tatsache, dass in Mitteleuropa heute immer noch 80% des Gesamtenergiebedarfes fossil gedeckt wird und Megawirtschaftsländer wie China einen rasant steigenden Energiebedarf haben und auch ausleben, wird man auf alle Fälle die Frage stellen müssen, ob die Klimaziele der jetzigen EU-Regierungen nicht etwas zu optimistisch ausfallen (Vahrenholt, F., 2019)

Abb. 12. Aug in Aug mit einer Wespe. Lästig sind sie, wie eh und je – nur mit dem Klimawandel hat das Ganze nichts zu tun.
(Photo M. Lödl)

Wespen und der Klimawandel

Anfang August. Es ist brütend heiß in meinem Büro, 33 Grad Celsius, kleine Bäche rinnen an meiner Schläfe herab. Ich versuche mich zu konzentrieren, ein Manuskript muss noch gelesen werden. Die schrägen Fenster der Dachgeschossräume können nur ein paar Zentimeter gekippt werden. Es ist windstill draußen, die Luft steht über der Stadt, in Wien weht meist ein leichter Wind. Heute nicht. Die Kopien in meinen Händen zeigen klebrige Wellen, es ist der Schweiß an meinen Händen. Den letzten Absatz, so scheint es mir, habe ich schon viermal gelesen, irgendwie folgen kann ich dem Text nicht. Eine fette Schmeißfliege hat sich beim offenen Fenster eingeschlichen und zieht ihre Bahnen, aufdringlich und brummend, die Temperatur scheint ihr zu behagen. Wenigstens ein Wesen fühlt sich wohl in diesem Raum.

Das Telefon schreckt mich aus meiner Lethargie. Eine junge Dame stellt sich vor, sie recherchiere für eine Tageszeitung. Ich denke mir: entweder geht es um Gelsen oder um Wespen. Die Gelsen sind eigentlich schon out, es ist zu trocken die letzten Wochen. Aber die Wespen kommen im August so richtig in Fahrt. Also vermutlich geht es um Wespen.

„Ich möchte ein Telefoninterview mit ihnen machen. Es geht um Wespen … ."

Ich will schon sagen – „Ja, weiß ich … ", aber ich verkneif's mir und ermuntere sie, ihre Fragen zu stellen.

Räuspern am anderen Ende der Leitung, Papierrascheln und dann ein langgezogenes:

„Ähmmmmm, ja: wir haben ja heuer eine ganz besondere Wespenplage . . . ."

„Nein."

„Ähhh wie? Wie meinen sie?"

„Nein, es gibt keine Wespenplage. Heuer ist ein ganz normales, sogar etwas unterdurchschnittliches Jahr, es ist August, da gibt es immer Wespen, heuer keinesfalls mehr als in jedem anderen Jahr auch."

„Aber . . . die Menschen sind verunsichert."

„Mag sein, vielleicht durch aufgeheizte Debatten in den sozialen Medien. Außerdem: wann sind die Menschen nicht verunsichert? Ich finde, wir sollten das nicht unterstützen. Es gibt heuer keine Wespenpopulationen, die man als Plage bezeichnen könnte."

„Aber . . . . die Wespen sind doch die letzten Jahre viel aggressiver geworden."

„Nein."

„Wie jetzt? Sie meinen, dass Wespen nicht aggressiver . . ."

„Nein, absolut nicht. Wespen und auch Hornissen sind generell nicht aggressiv, im Hochsommer sind sie nur wegen der höheren Temperaturen aktiver und wir sind mehr im Freien, daher fallen sie uns manchmal lästig. Beim Frühstückstisch zum Beispiel. Man sollte schnelle Bewegungen vermeiden und natürlich entsprechend mit Notfallmedikamenten versorgt sein, wenn man Allergiker ist."

Letzteres sage ich immer dazu, um mir keinen Shitstorm von Ärzten und Apothekern einzuhandeln . . . .

„Also Sie meinen, dass unsere Wespen in den letzten Jahren nicht aggressiver geworden sind?“

Man hört wieder das Rascheln von Papier am anderen Ende. Es wird mehrfach in einem Skript hin- und her geblättert.

„Aber bilden sich nicht auch dauernd neue Arten, die dann aus dem Süden bei uns einwandern? Und dann aggressiver sind?“

Ich lache kurz auf. Der Schweiß brennt in meinen Augen, ich wische mit dem Unterarm quer über meine Stirn und mein Gesicht und ich muss blinzeln.

„Nein! Also das ist ganz anders: Artbildungsprozesse finden immer und überall statt, aber zur Entstehung einer neuen Art braucht es etwa eine Million Jahre, direkt beobachten kann man einen solchen Vorgang nicht!“

„Aber unsere heurige Wespenplage ist doch vom Klimawandel verursacht. Und da gibt es doch dann neue Arten, die bei uns gefährlich werden … “

Das Interview wird zur schweißtreibenden Angelegenheit, ich muss einmal tief durchatmen.

„Da kann ich Sie beruhigen, mit dem Klimawandel hat das Ganze überhaupt nichts zu tun.“

Das war zu viel für die wackere Journalistin.

„Also so geht das nicht …. Nein …. Ich meine, da kann ich leider kein Interview mit ihnen führen, das führt zu nichts. Da kann ich ja meinen Lesern überhaupt keine Infos …. also da kann man nichts draus machen. Es tut mir leid ….“

„Ja, ich weiß: Good News is Bad News! So ist das nun mal im Journalistenleben.“

Einen Tag später findet sich in besagtem Blatt ein deftiger Artikel über die heurige Wespenplage, die Biester seien so aggressiv wie nie und man könne nicht ausschließen, dass das Ganze mit dem Klimawandel zu tun hätte.

Ich muss lächeln. Mein Weltbild ist doch nicht aus den Fugen geraten. Es lief alles wie erwartet.

Abb. 13. Agrarflächen dominieren das europäische Flachland. Kein guter Platz für Insekten (Photo M. Lödl, Leeberg bei Großmugl in Niederösterreich)

Insekten sterben und Insektensterben

Und wieder geistert ein neuer Hype durch die Medienlandschaft: das Insektensterben! Das, was Biologen schon längst wissen, wurde nun von deutschen Kollegen hieb und stichfest nachgewiesen. In den letzten 27 Jahren hat die Insektenfauna in Deutschland quantitativ um 75 % abgenommen und auch das Artenspektrum ist ausgedünnt (Hallmann, 2017). Ein Wert, den man für die meisten Teile Europas annehmen kann. Seit Beginn des vorigen Jahrhunderts geht die Insektenfauna in Mitteleuropa kontinuierlich zurück. Das Erstaunlichste an dieser Untersuchung ist die allgemeine Verwunderung, die sich in den Medien darob verbreitet hat. Es ist offensichtlich: auf Blütenwiesen summt nicht mehr viel und auch die Brennessel-Anbeter retten mit ihren Naturgärten nur einige wenige Tagpfauenaugen vor dem Untergang. Ein Blick auf Google-Maps genügt. Wer in irgendeine mitteleuropäische Landschaft in der Satellitenansicht hineinzoomt, erkennt ein Netzwerk aus geometrischen, grünen und braunen Kästchen, Dreiecken und Rechtecken – allesamt landwirtschaftliche Flächen. Der Rest sind Siedlungsgebiete und forstwirtschaftlich genutzte Wälder. Für intakte Insektenpopulationen fehlt einfach der Platz. Feuchte Wiesen und Moore wurden drainagiert oder abgebaut, Sandbiotope sind eingeebnet und in Felder verwandelt, die Giftkeule – Herbizide und Insektizide – vernichtet die Ackerunkräuter und die restlichen Insekten, die es noch gibt.

Es lohnt sich, einmal zu überlegen, was überhaupt zur Gefährdung von Insektenpopulationen führt. Man muss diese „Störungen“ des Gleichgewichtes entsprechend ihrer Bedeutung für die Gefährdung gewichten.

Das Schlimmste, das man Insekten antun kann, ist die Veränderung ihrer Lebensräume (Galoppi, 2019). Insekten entwickeln sich während einem oder mehrerer Jahre, über Eier zu Larven, mitunter auch zu Puppen, und erst dann schlüpft das fertige Insekt, das sich wieder fortpflanzt. All diese Stadien brauchen einen ganz spezifischen Lebensraum, bestimmte Pflanzen und bestimmte andere Insekten, mit denen sie in Beziehung stehen. Das Verschwinden des Lebensraumes – zum Beispiel durch Anlegen von Feldern – bedeutet immer ein Verschwinden einer ganzen Insektengesellschaft. Kommt zu alledem noch eine flächendeckende Begiftung mit Herbiziden und Insektiziden, dann macht das auch jenen Insekten den Garaus, die in kleinräumigen Rückzugsbiotopen am Rande der landwirtschaftlichen Flächen überlebt haben. Das Trockenlegen von Feuchtbiotopen und Gewässerregulierungen hat ebenso verheerende Auswirkungen. Die allerorts übliche Waldchirurgie, also das rigorose Entfernen von Totholz, hat eine ganze Insektengruppe – die Bockkäfer – nahezu zerstört. Bockkäfer brauchen altes Holz und mehrere Jahre zur Entwicklung. Ewig schade ist um die zahllosen Bahngräben, die unser Land entlang der Bahntrassen durchzogen. Es waren ausgezeichnete, windgeschützte und wärmebegünstigte Kleinbiotope für unzählige Unkräuter und eine reiche Insektenfauna. In den meisten Gemeinden wurden sie in den 1970er Jahren eingeebnet und radikalen Hygienemaßnahmen unterzogen. Die angepflanzten Rasen und parkähnlichen

Landschaften taten das ihrige – und wieder war ein wichtiger Biotop für immer verloren. Auch brache Sandflächen, auf denen sich unzählige Wildbienen und Sandwespen tummeln, wurden ausgemerzt. Legen Gemeinden Wasserrückhaltebecken an, so sind sie meist übermäßig gepflegt und werden regelmäßig gemäht. Mähen von Feldrainen und Brachen schädigt Insektenpopulationen immens. Mit jedem Mähvorgang wird eine ganze Generation von zehntausenden verschiedenen Insekten vollständig beseitigt. Brachländer wie die typisch österreichische „Gstetten" verschwinden immer mehr. Wegränder werden mit Randsteinen eingefasst, Wald- und Forstwege immer mehr asphaltiert. Durch die viel schwerer gewordenen Traktoren ist die Erdverdichtung dramatisch gestiegen – Hummelvölker, oft an Feldrändern angesiedelt, werden durch einmaliges Überfahren durch einen Traktorreifen ausgelöscht. Und zu guter Letzt verursachen eingeschleppte Pflanzen, wie das Indische Springkraut, ein immer aggressiveres Verdrängen einheimischer Pflanzen. Alle diese Faktoren sind verantwortlich für das merkbare Verschwinden von Insekten aus unserer Umwelt.

Merkwürdigerweise nimmt der Laie all diese Gefährdungen nur nebenbei oder gar nicht wahr. Hingegen werden harmlose Faktoren völlig überbewertet. Die Lichtverschmutzung, also das im besiedelten Gebiet fast flächendeckende Angebot an Straßenlaternen, wird fälschlich für den Rückgang nachtaktiver Insekten verantwortlich gemacht. Dabei ist eine geringe Insektendichte an Straßenlampen nur ein Indikator, dass das gesamte, denaturierte Umland eben keine Insekten mehr beherbergt! Ursache und Wirkung werden ständig verwechselt. Ebenso sind die Insektentode, die im Autoverkehr an Kühlergrill und Windschutzscheibe gestorben werden, für die großflächigen Insektenpopulationen irrelevant. Das Entnehmen von Schmetterlingen und Käfern für private Sammlungen wurde auch vielfach zum Problem hochstilisiert. Ein reines Ablenkungsmanöver – es ist nämlich völlig unproblematisch.

Nun darf der Laie durchaus die Frage stellen: Brauchen wir Insekten überhaupt? Schließlich lebt sich's ohne sechsbeinige Plagegeister doch ganz kommod. In Großstädten, die nicht gerade für ihre Insektenvielfalt bekannt sind, lebt sich's doch ganz gemütlich. Zumindest aus der Sicht eines Stadtmenschen. Der Bauer meint ebenfalls, je weniger Insekten kreuchen und fleuchen, umso besser gedeihe seine Feldfrucht. Dem liegt ein schwerwiegender Irrtum zugrunde. Denaturierte und urbanisierte Umgebung fördern meist nur einige Insektenarten, diese aber umso mehr. Es sind ja gerade die Schädlinge, die in Monokulturen gedeihen, es sind ja gerade die Dörrobst- und Kleidermotten, die uns zuhause zur Verzweiflung bringen und Moskitos finden in monströsen, überbevölkerten Tropenstädten, wie Kalkutta, ein reiches Festmahl. Die reichen Biozönosen, die Blüten- und Schmetterlingswiesen, die gesunden Wälder mit ihrer Ameisenvielfalt sind nicht die Feinde des Agrarökonomen. Das Netzwerk der Biomasse, die Insekten als Futterquellen für höhere Tiere, als Bestäuber und als Destruenten, die tote Pflanzen und Tiere abbauen, ist ein hochsensibles und genau dieses ist in Gefahr. darüberhinaus sind Insekten wichtige Informationsquellen, was die Vielfalt an Eiweißen (Proteinen) anlangt. es gibt unzählige Substanzen, die noch nicht analysiert sind. Die Forschung in Bezug auf die Analyse der Insekteninhaltsstoffe steht erst am Anfang. Viele der eine Million verschiedenen, bisher beschriebenen Arten sind vielversprechende Informationsquellen für die Medizin. Sie sind in Gefahr ausgerottet zu werden, noch bevor wir in der Lage waren, sie wissenschaftlich zu untersuchen. Und schließlich gibt es da noch ein klitzekleines ethisches Problem: wir Menschen sind Kulturwesen und Kultur ist bekanntlich das Zelebrieren des Nutzlosen. Wir sollten diesen Planeten einigermaßen in einem Zustand an unsere Kinder übergeben, ohne dass wir uns dafür schämen müssen, wir sollten Lebensgemeinschaften auch des Interesses willen erhalten, damit sie auch künftige Generationen noch erforschen und daraus ihre Schlüsse ziehen können …

Abb. 14. Trotz ihrer Schönheit ist die Natur oft sperrig und stachelig und widerborstig, so wie diese große Eselsdistel am Peloponnes (Photo M. Lödl)

Zusammenfassung

Dieses Buch spürt den Fragen nach: Was ist Natur? Was ist natürlich?

Die Natur wird sehr unterschiedlich wahrgenommen und oft falsch interpretiert. Dem modernen Menschen ist das Verständnis für die Vorgänge in der belebten Umwelt weitgehend abhanden gekommen. Die Natur wird verklärt und glorifiziert, die Rolle des Menschen in der Natur falsch dargestellt. Eine völlig verkehrte Naturethik verstellt den Blick auf die Realität. Dieses Buch versucht falsche Blickwinkel aufzudecken und anzuprangern. Man möge mir verzeihen: Dies geschieht oftmals in sehr kritischer, ja polemischer Form. Aber die Polemik ist jenes robuste Werkzeug, das der Freilegung der Wahrheit dient. Das Unterminierende, das Untergrabende ist die Voraussetzung, um das Fundament neu stärken und verfestigen zu können. Es mag als bitter, ja unangenehm empfunden werden, wenn die Maske allzu abrupt vom Gesicht gerissen wird. Aber jeder verantwortungsvolle Chirurg wird den Verband schnell entfernen, um den Schmerz gering zu halten. Das habe ich versucht. Das alles geschieht im Dienste eines richtigen Naturverständnisses, nicht Misanthropie oder Querulanz sind die Triebfedern, sondern das ehrliche Bemühen, den Blick frei zu bekommen, für ein vernünftiges Naturverständnis. Mein ehrlicher Respekt gilt allen, die sich um die Natur verdient machen oder es zumindest mit ihren Möglichkeiten versuchen. Dieses kritische Büchlein soll sie nicht entmutigen. Im Gegenteil, die Polemik der letzten Zeilen möge dabei helfen, einzelne Entwicklungen in unserer Gesellschaft kritisch zu sehen. Wir brauchen angesichts der massiven Zerstörung unserer Umwelt jede helfende Hand, jeden Engagierten, der guten Willens ist. Nur: die Richtung des Engagements und die Anwendung der Argumente sollen stimmen und den Erkenntnissen der Naturwissenschaft folgen. Jeder, der sich um die Geschicke von Lebewesen sorgt und der Natur und allem Lebendigen dienen will, verdient unser Wohlwollen und unsere Unterstützung. Das Bestreben möge aber geleitet sein von Vernunft und Einsicht. Nicht die Natur selbst gibt uns diese Richtschnur in die Hand, sondern wir Menschen sind es, die zu Mitleid, Empathie und Wohlwollen befähigt sind. Wir sollten diese Gaben an den richtigen Stelle einsetzen. Eine dem Heuschreckenkapitalismus verpflichtete Globalisierung und ein Freihandel, dem das Wohl der Bürger in den einzelnen Nationen egal geworden ist, zerstören mittlerweile nicht nur die letzten Naturreserven dieses Planeten, sondern verhindern auch die Möglichkeiten der Entwicklungsländer, entsprechende Sozialsysteme aufzubauen und dadurch endlich etwas gegen unsere größte Bedrohung zu unternehmen: die Überbevölkerung. Der industrielle Raubbau an den natürlichen Ressourcen der Erde sieht es mit Wohlgefallen, dass ganze Armeen an Engagierten in der westlichen Welt die falschen Feinde bekämpfen: Da wird im Eifer die Natur geschützt, wo es nichts zu schützen gibt, Tiergärten und Privatgelehrten wird das Leben schwer gemacht und der moderne Europäer ergeht sich in selbstzerfleischenden Schuldzuweisungen. Die zivilisierten Länder werden die Natur auf diesem Planeten nicht retten, wenn sie mit großem Aufwand die Erbschuld der Zivilisation beweinen und ihren mühsam erworbenen Wohlstand in Frage stellen. Wir sollten unsere Kräfte bündeln. Nicht Schmetterlingssammler, Hobby-Aquarianer, Tiergärten oder autofahrende Pendler sind unsere Feinde, sondern jene Form der globalisierten Konzernwirtschaft, die in großem Stil auf Kosten von uns und auf Kosten der Menschen in den ärmeren Regionen Jahrhundertgewinne scheffelt. Die Bündelung unserer Kräfte! Das sollte das Ziel sein, nicht der fachlich unhaltbare Hickhack und pseudoökologische Kleinkrämerei. Trotzdem möchte ich noch einmal den Respekt betonen, den jeder verdient, der sich Sorgen um unsere Umwelt macht. Ich ziehe meinen Hut vor jedem, der ein paar Brennesselpflanzen im Garten gedeihen lässt, um Raupen Nahrung zu bieten, ich verbeuge mich vor jenen, die sich die Mühe machen, Kröten über eine befahrene Straße zu tragen, und ich finde es toll, wenn sich jemand die Mühe macht, einen kleinen Vogel aufzupäppeln, der aus dem Nest gefallen ist. Man kann auch dazu aufrufen, dass jeder am Strand drei Stück Plastikmüll aufheben und entsorgen möge. Auch diese Haltung verdient unser aller Respekt. Es muss nur allen klar sein, dass es eine Übung des Geistes und eine Übung unserer Seele ist, nicht mehr und nicht weniger. Angesichts von Plastikmüll-Stückzahlen jenseits der Billion wird diese Aktion die Welt nicht retten. Wenn ich aber bewusst machen konnte, dass es die Geisteshaltung ist, die unsere Unterstützung verdient, die wirklichen Gefahren aber auf ganz anderer Ebene bekämpft werden müssen, dann ist das Ziel dieser Zeilen erreicht.

Literatur

Dyson, F. & McNish, S., 2015: Freeman Dyson on the Global Warming Hysteria April, 2015, Interview Stuart McNish im Rahmen von Conversations That Matter https://www.youtube.com/watch?v=BiKfWdXXfIs (eingesehen am 15.5.2019)

Freistetter, F. 2015: „Albert Einstein, das Sterben der Bienen und das ominöse Zitat" (http://scienceblogs.de/astrodicticum-simplex/2015/06/21/albert-einstein-das-sterben-der-bienen-und-das-ominoese-zitat/ (eingesehen am 11.11.2017)

Fromm, E., 1974: Anatomie der menschlichen Destruktivität.- Deutsche Verlagsanstalt, Stuttgart

Galoppi, S., 2019: Gegen das Insektensterben kann jeder etwas tun. Interview mit Martin Lödl.- Unser Land. Das Zukunftsmagazin der Bauern, 70(5)

Ganteför, G., 2015: Wie werden wir in 100 Jahren leben? Vortrag von Prof. Dr. Gerd Ganteför, Professor für Experimentalphysik an der Universität Konstanz, im Rahmen der zweiten Kon'nected-Feier am 19. März 2015 https://www.youtube.com/watch?v=fKdxIhGH4oo (eingesehen am 15.5.2019)

Hallmann, C. A., 2017: More than 75 percent decline over 27 years in total flying insect biomass in protected areas.- PLOS ONE https://journals.plos.org/plosone/article?id=10.1371/journal.pone.0185809 (eingesehen am 22.5.2019)

Hölldobler, B. & Wilson, E. O., 1990: The Ants.- Springer Verlag, Berlin – Heidelberg

Lödl, M. 2009: „Fatales Design", Merzinger-Pleban, Pressbaum

T-Online: „66-jährige Vierlingsmutter zeigt keine Schwäche", 2016 (http://www.t-online.de/leben/familie/baby/id_77791830/vierlinge-mutter-annegret-raunigk-zeigt-keine-schwaeche.html (eingesehen am 16.11.2017)

Schönwiese, C.-D. in Wehry, W./Ossing,F. (Hrsg.), 1997: „Wolken Malerei Klima in Geschichte und Gegenwart“, Deutsche Meteorologische Gesellschaft, 191 pp., Berlin

Sehgal, J., 2019: Mount Everest: Aufräumen am höchsten Müllberg der Welt. https://www.dw.com/cda/de/mount-everest-aufräumen-am-höchsten-müllberg-der-welt/a-47499225 (eingesehen am 22.5.2019).

Storch, H., 2018: Hans von Storch zum Sonderbericht des Weltklimarates zur globalen Erwärmung am 08.10.18.- https://www.youtube.com/watch?v$=$wkjS-1EyjK4 (eingesehen am 15.5.2019) Vahrenholt, F., 2019: Kommentar zur Studie „Energiesysteme der Zukunft“ https://energiesysteme-zukunft.de/fileadmin/user--upload/Publikationen/pdf/ESYS--Analyse--Sektorkopplung.pdf

Van Engelsdorp et al., 2009: Colony Collapse Disorder: A Descriptive Study.- PLOS ONE 4(8), https://journals.plos.org/plosone/article?id=10.1371/journal.pone.0006481 (eingesehen am 22.5.2019)

Whitmore, T. C., 1993: Tropische Regenwälder.- Spektrum Akademischer Verlag, Heidelberg – Berlin – New York

Wieland, D. et al. (Ed.), 1985: „Grün kaputt – Landschaft und Gärten der Deutschen“, Raben, München, 6.Aufl.

Wuketits, F. M., 1999: „Die Selbstzerstörung der Natur – Evolution und die Abgründe des Lebens“, Patmos, Düsseldorf

Wuketits, F. M., 2000: Warum uns das Böse fasziniert.- S. Hirzel Verlag, Stuttgart – Leipzig